É TUDO UMA QUESTÃO DE ~~EQUILÍBRIO~~ DESEQUILÍBRIO

CARO(A) LEITOR(A),

Queremos saber sua opinião
sobre nossos livros.
Após a leitura, curta-nos no
facebook.com/editoragentebr,
siga-nos no Twitter @EditoraGente
e no Instagram @editoragente
e visite-nos no site
www.editoragente.com.br.
Cadastre-se e contribua com
sugestões, críticas ou elogios.

DIOGO FRANCO

É TUDO UMA QUESTÃO DE ~~EQUILÍBRIO~~ DESEQUILÍBRIO

DESCUBRA COMO DESENVOLVER A VERDADEIRA PERFORMANCE DA MENTE, CORPO E ESPÍRITO

NA PRÁTICA

Diretora
Rosely Boschini

Gerente Editorial Pleno
Franciane Batagin Ribeiro

Assistente Editorial
Alanne Maria

Produção Gráfica
Fábio Esteves

Preparação
Algo Novo Editorial

Projeto Gráfico e Diagramação
Gisele Baptista de Oliveira

Revisão
Thiago Fraga
Elisabete Franczak

Capa
Mariana Ferreira

Impressão
Gráfica Rettec

Copyright © 2022 by Diogo Franco
Todos os direitos desta edição
são reservados à Editora Gente.
Rua Natingui, 379 – Vila Madalena
São Paulo, SP – CEP 05443-000
Telefone: (11) 3670-2500
Site: www.editoragente.com.br
E-mail: gente@editoragente.com.br

Dados Internacionais de Catalogação na Publicação (CIP)
Angélica Ilacqua CRB-8/7057

Franco, Diogo
    É tudo uma questão de desequilíbrio : descubra como desenvolver a verdadeira performance da mente, corpo e espírito na prática / Diogo Franco. - São Paulo : Editora Gente, 2022.
    192 p.

ISBN 978-65-5544-259-5

1. Desenvolvimento pessoal I. Título

22-4211   CDD 158.1

Índices para catálogo sistemático:
1. Desenvolvimento pessoal

NOTA DA PUBLISHER

A vida é permeada por grandes revoluções internas. Às vezes, elas começam por causa de um desafio no trabalho, no relacionamento ou na família. Em outras, o jeito antigo de fazer perde o sentido e é preciso mudar tudo de lugar, começar do zero. E, dessa forma, a certeza de que o desequilíbrio impulsiona a vida se faz ainda mais presente.

Diogo Franco, autor de *É tudo uma questão de desequilíbrio*, sabe disso e não se furta de compartilhar com você, caro(a) leitor(a), como transformações extraordinárias podem surgir de momentos difíceis, desorganizados e turbulentos. Com muita originalidade, esta obra traz a experiência de um profissional de saúde física para mostrar como mente, corpo e espírito podem lidar com os altos e baixos da vida.

Nesta obra, você encontrará dicas de produtividade, gestão do tempo e gestão da energia, mas descobrirá, sobretudo, que perder o controle é, por vezes, o caminho mais seguro, saudável e respeitoso possível. É um convite para olhar para a integralidade da vida, todos os dias.

Tenho certeza de que a leitura será incrível! Até a próxima página!

ROSELY BOSCHINI
CEO e Publisher da Editora Gente

Dedico esta obra a você, caro leitor e cara leitora, por acreditar no potencial que você tem a explorar e por decidir atingir um novo nível de performance.

AGRADECIMENTOS

Agradeço primeiramente a Deus, que por meio do Espírito Santo conduziu a escrita desta obra de modo tão leve e natural.

À minha família, por estar em todos os momentos comigo e sempre me apoiar nas tomadas de decisões.

À minha esposa, pela cumplicidade, companheirismo e lealdade em todos meus momentos de desequilíbrios.

Agradeço também a todos meus amigos e à minha equipe por sua contribuição para meu crescimento pessoal e profissional.

SUMÁRIO

INTRODUÇÃO: DESEQUILÍBRIO É MOVIMENTO
12

5 UMA NOVA CONEXÃO COM SEU CORPO
90

1 PRESO AO PASSADO OU PERDIDO NO PRESENTE?
24

6 ATIVE O MELHOR DA SUA MENTALIDADE
112

2 VOCÊ PODE ESTAR DEFINHANDO
44

7 ABRA A PORTA PARA DEUS
136

3 VOCÊ TEM SIDO VOCÊ?
60

8 PERFORMANCE HOLÍSTICA NA PRÁTICA
156

4 QUE DAVI ESTÁ APRISIONADO AÍ DENTRO?
74

9 VOCÊ NASCEU PARA VIVER O MELHOR
176

INTRODUÇÃO: DESEQUILÍBRIO É MOVIMENTO

Aos 8 anos, enquanto brincava com a minha irmã na casa da nossa avó, acabei escorregando e batendo o olho na maçaneta de uma porta. Descrita assim, de maneira crua e resumida, essa cena não traduz o tamanho do impacto, da dor e do grito daquele momento. Foram segundos de agonia, como se a vida estivesse em suspensão. Não havia luz. Eu percebia a movimentação ao meu redor sem entender direito o que estava acontecendo, mas dentro de mim já sentia que o mundo que eu conhecia não seria mais o mesmo.

Daquele acontecimento em diante, as coisas tomaram rumos bastante difíceis para uma criança. Do socorro imediato aos tratamentos necessários para reabilitar a minha visão, intensamente prejudicada pelo acidente, foram meses de sofrimento. Além da incerteza quanto a me recuperar completamente ou não, precisei aprender a conviver com outras dores: um tampão permanente no olho me rendeu muitos apelidos na escola, e o bullying caiu de paraquedas em meu dia a dia.

Eu era apenas um menino comum e já tinha de enfrentar traumas e lidar com sentimentos de rejeição. Da noite para o dia, deixei de ser Diogo, o caçula de um quarteto de irmãos, filho de Rosemeire e Tarcísio, um garoto que gostava de brincar e de fazer amigos, e me tornei alguém que só queria esquecer quem era. Nada parecia ter muita graça. Foi assim que, aos poucos, fui me retraindo e me escondendo dentro de uma casca invisível, na qual poderia morar sem ser visto ou agredido.

A tristeza era tão profunda que desenvolvi uma estratégia de autoproteção: encontrei refúgio na comida para preencher os vazios que existiam dentro de mim. Assim, quanto mais deprimido eu me sentia, mais comia. A conta, claro, chegou. Logo me tornei um garoto obeso, além de isolado, ansioso e incapaz de me relacionar com outros adolescentes da minha idade.

Você deve estar se perguntando: *por que começar o livro contando essa história vivida há tantos anos? O que os dramas de um adolescente comum da classe média têm de significantes para mim?* A única resposta possível para essas questões é: porque foi a partir daquele sofrimento que minha vida se transformou. Atualmente, quando olho para meu passado, encontro aquele Diogo inseguro e retraído que

É tudo uma questão de desequilíbrio

deu origem ao homem que decidiu sair da mediocridade e que hoje ajuda as pessoas a descobrirem os próprios pontos de virada.

Apesar de muito jovem, naquela época aprendi que a vida sempre será pontuada de situações de desequilíbrio em menor ou maior grau. Não importa se você é jovem ou um idoso cheio de experiências e de cabelos brancos, os descontroles sempre virão. E nessas subidas e descidas da montanha-russa podem estar escondidas as chances para você aprender algo que vai tirá-lo da boa e velha zona de conforto.

Minha primeira oportunidade nesse sentido veio a partir dos problemas de autoimagem que desenvolvi bem cedo. Dentro da solidão do meu quarto, e tendo como única companhia meu violão, criei um espaço blindado do universo exterior e esqueci como a juventude era divertida. A segunda veio quanto tomei a decisão – ainda que sem nenhuma maturidade emocional – de agir para alavancar minha vida em direção ao crescimento; ou seja, sair daquele casulo de insatisfação e voltar a ver o mundo fora da caverna.

Se você chegou até aqui, acredito que talvez esteja passando por uma situação parecida, colecionando dias ruins e acreditando que nada faz sentido neste momento. Talvez esteja preso em um corpo desconhecido, sentindo-se desconfortável na própria pele e fracassando em todas as tentativas de ser diferente. Eu conheço o peso desse fardo, porque foi algo que carreguei por muito tempo, em silêncio e sem nenhuma ajuda.

Se você não faz parte desse grupo e tem uma vida minimamente razoável, porém acredita que parou no tempo e não consegue mais evoluir pessoalmente, tudo o que vou ensinar aqui também vale para você. É muito provável que este livro esteja em suas mãos porque você quer dizer "chega" à mediocridade e porque quer aprender a utilizar suas experiências com desequilíbrio para provocar uma transformação em seu corpo, em sua mente e em seu espírito. Você sonha em se tornar uma versão melhor de si mesmo e viver uma vida da qual se orgulhe. Se esse desejo é real, esteja certo: você já avançou algumas casas nesse jogo. Os dados estão lançados, e eu vou ajudá-lo a chegar até o fim do tabuleiro.

Introdução: Desequilíbrio é movimento

O dia em que tudo mudou

Minha mudança de mindset aconteceu aos 14 anos, alguns anos após a separação repentina dos meus pais. Isso foi um grande choque para mim e fez o meu mundo virar de ponta-cabeça. O lado positivo foi que, por causa desse trauma, decidi seguir novos caminhos. Diferentemente dos garotos da minha idade, eu estava cansado de me sentir infeliz. Olhava para o espelho e não conhecia mais quem me olhava de volta. Se esse é um peso imenso para um adulto, imagine o tamanho do buraco que provoca em alguém que está enfrentando os desafios da puberdade.

Quando percebi que não havia mais saída senão enfrentar meus próprios fantasmas, conversei com o cara refletido no outro lado do vidro e resolvi me livrar de uma vez por todas daquele sentimento. Disse que o amava o suficiente para aprender a cuidar dele, e "anotei mentalmente" que aquele momento representava o início de uma nova jornada para mim. Sem saber, aprendi que usar as instabilidades da vida como mola propulsora para subir mais alto seria a minha bússola e minha salvação.

O início da caminhada foi físico: eu precisava enxergar meu corpo como ele era de verdade. Eu não estava satisfeito e insistia em destruir, dia após dia, o único equipamento que tinha para me conduzir pelo mundo. Então precisava construir uma nova relação com minha aparência. Como poderia me amar e me sentir bem se continuasse odiando minha imagem? Como despertaria nas pessoas a vontade de estar em minha companhia se nem mesmo eu gostava de mim? Eu precisava fazer as pazes com meu corpo e me reencontrar com o Diogo que desejava ser.

Para isso iniciei uma rotina de exercícios físicos na academia do bairro após a autorização da minha mãe e segui dando o melhor de mim. Não foi fácil no começo, mas peguei gosto pela coisa toda e mantive firme a rotina de treinos. Aparecia pontualmente para treinar e saía exausto, mas leve, porque deixava lá os pensamentos ruins que costumavam me atormentar.

Aquela era a primeira vez, após muitos anos, que eu vivia sem a companhia das minhas sombras. Tinha a sensação de que minha

É tudo uma questão de desequilíbrio

mente estava validando meu comportamento e reafirmando que o autocuidado era a melhor maneira de um indivíduo se conhecer por dentro (e por inteiro).

Naquele período, descobri algo importante: por mais que o cérebro nos conduza a poupar energia o tempo todo, também nos guia a procurar refúgios e consolos para nossas dores. Essa busca às vezes é realizada em prazeres momentâneos, por exemplo, uma alimentação carregada de gorduras e açúcares; em prazeres ilusórios, como ficar sem fazer nada assistindo a programas de TV ou gastando mais do que se pode pagar.

Depois de ter experimentado alguns desses prazeres, eu já sabia que essas fugas não só não tiram o sofrimento como também nos afundam ainda mais. Com a prática de atividades físicas, eu havia conseguido sair desse ciclo autodestrutivo, transferindo meu refúgio para o bem-estar proporcionado pelos treinos. Visivelmente, estava me tornando uma pessoa blindada contra os obstáculos que surgissem na estrada.

A maior conquista foi descobrir um Diogo mais forte e corajoso, menos retraído e oprimido; um cara que passou a gostar de si e a ver a vida por outra dimensão. De repente, os problemas do passado tinham ficado para trás e pareciam não fazer mais sentido. Mesmo que não soubesse explicar exatamente, eu sentia que aquele processo tinha transformado não apenas minha estética, mas também meu interior. Minha vontade era continuar melhorando mais e mais. É surpreendente o que se passa na mente humana quando ela compreende a própria força.

Foi a partir dessa percepção que tudo começou a acontecer, me levando para outro nível de consciência em relação à importância dos meus valores e princípios. Se, algum dia, você já sonhou dormir e acordar em uma nova vida, pode imaginar o que estou dizendo. Quando estamos ocupados nadando contra a maré, gastamos tanta energia que esquecemos até para onde estamos indo. Esse é um jeito bem perigoso de se afundar em uma vida sem nenhuma motivação.

> A Performance Holística, portanto, é uma decisão consciente para a adoção de um estilo de vida com foco em performar mais e melhorar as funções do corpo, da mente e do espírito.

É tudo uma questão de desequilíbrio

O start para a performance holística

Meu interesse por exercícios físicos foi aumentando com o passar do tempo, e eu mergulhei de cabeça em leituras sobre técnicas para alavancar ainda mais meus resultados. Esse desejo me levou a ingressar no curso de Educação Física, em uma faculdade na cidade de Jaguariúna, a cerca de quarenta minutos de Amparo.

Mais do que nunca, a revolução que eu tanto buscava entrava em curso. Um ano depois, me mudei para São Paulo, onde me formei e comecei a trabalhar como personal trainer, ajudando várias pessoas a conquistarem saúde e realização com o próprio corpo. A vida, enfim, parecia estar equilibrada. No entanto, havia algo que ainda me incomodava. Apesar de estar bem e usufruindo de certo conforto, não me sentia pleno. Era como se aquela calmaria não fosse suficiente para me fazer feliz.

Observador por natureza, eu questionava meus sentimentos e a vida ao meu redor. Nas academias em que dava aulas, prestava atenção nas pessoas que estavam sempre duelando com o próprio corpo. Muitas delas treinavam incansavelmente havia anos, no entanto nunca se diziam satisfeitas com a aparência. Com o tempo, começou a ficar claro que a raiz do problema não estava no desejo de emagrecer ou de tonificar os músculos, mas na dificuldade de lidar com as fraquezas e dores do presente e do passado. Não era sobre estética, e sim sobre a subjetividade de cada um.

Passei a querer compreender melhor esses movimentos, com o intuito de ajudar as pessoas a atingir resultados que não desmoronassem diante do primeiro desafio. Para conquistar o bem-estar verdadeiro, eu sabia que elas precisavam começar a se ver de outra maneira. O propósito de fazer exercícios físicos e ter uma nutrição adequada não deveria ser apenas a mudança corporal, mas um combustível para a transformação tão desejada de se amar e de se aceitar sem medidas.

Comecei a reunir essas informações e a estudar os processos psicológicos que atravancam o desenvolvimento de um indivíduo. Foram meses de estudos, conversas com especialistas e partilhas de experiências com alunos e clientes. As peças, pouco a pouco,

Introdução: Desequilíbrio é movimento

encaixaram-se e ganharam forma. Eu me sentia preparado para deixar de ser um professor focado somente na anatomia humana, para, então, atuar em áreas cada vez mais profundas. Assim surgiu a Performance Holística, que você conhecerá nas próximas páginas.

Holístico: a integralidade, o todo

Quando me dei conta de que ajudar as pessoas a cuidarem do corpo era o mínimo que eu poderia fazer por elas, avancei alguns passos no meu objetivo profissional. A busca real por bem-estar deveria basear-se em um olhar integrado sobre corpo, mente e espírito. Nenhuma dessas esferas da vida pode estar em harmonia se, entre elas, não houver uma atitude racional de unir todas as partes.

A Performance Holística, portanto, é uma decisão consciente para a adoção de um estilo de vida com foco em performar mais e melhorar as funções do corpo, da mente e do espírito, quebrando as barreiras do comodismo e usando o desequilíbrio como instrumento para saltos mais altos. É o entendimento da integralidade humana em sua mais crua essência.

É fato que o desequilíbrio gera movimento. Quando está concentrado em poupar energia, o cérebro tende a repelir as situações de descontrole ou mudança e, em algumas circunstâncias, leva o indivíduo ao estado de inércia. Quando essa paralisia se instala, você deixa de aproveitar as ondas agitadas que conduzem a mares mais distantes.

Com este livro, quero ensinar como adquirir uma mentalidade de alta performance a partir da ativação de um conjunto de habilidades emocionais. Você conhecerá depoimentos de pessoas que fizeram essa travessia comigo e que hoje compartilham suas experiências após saírem de um abismo individual e chegarem a um patamar elevado de evolução.

A partir de agora, deixo minha proposta para guiar você na busca de um *lifestyle* baseado em autocompreensão, direcionamento pessoal e ressignificação do passado. Em resumo:

É tudo uma questão de desequilíbrio

desequilibrar-se para limpar a alma e viver o novo. Nesse processo, a Performance Holística será sua bússola para ativar suas vivências individuais anteriores, como trampolim para um nível mais alto. Isso quer dizer que, quanto maior for a sua história, seja ela composta de acontecimentos positivos ou negativos, mais intenso será seu desempenho.

Para entender melhor, imagine que sua vida é uma jornada por uma estrada livre. Os caminhos a serem percorridos são infinitos e incertos. Nessa viagem, seu corpo é o veículo que o leva por todo o percurso, sua mente é o piloto, e o espírito, o GPS. Para chegar mais longe, esses três pilares precisam estar balanceados. Não adianta, por exemplo, ter um excelente carro se o piloto não souber o momento certo de acelerar, frear, reduzir a marcha ou estacionar. Ou seja, de nada vale um corpo esbelto, treinado e muito saudável fisicamente se você não souber utilizá-lo para conquistar tudo o que está à sua volta e desfrutar dessas vitórias. Tampouco vale acionar o piloto automático e esperar o Universo jogar no seu colo um mapa para o destino dos sonhos. Nada acontece por acaso, nada segue sem consequências.

Na vida, os maiores aprendizados são adquiridos depois que a barreira do medo é quebrada, quando a coragem se faz mais presente e a confiança começa a nos liderar. Por isso, pilotar o corpo é uma responsabilidade muito grande, pois presume domínio da capacidade de acelerar e, também, fornece o conhecimento de que o excesso de comandos pode fazer o veículo capotar.

É desafiador imaginar que você pode colocar mais motores nessa máquina ao longo do tempo e entender qual é a melhor maneira de utilizá-la, seja no momento de reduzir a velocidade, seja no de acelerar. E isso está ao seu alcance. No entanto, primeiro será necessário identificar as estradas a serem percorridas. No meio do percurso, talvez surjam imprevistos e, em determinadas ocasiões, será preciso recalcular a rota e mudar de direção – o que pode revelar paisagens inesperadas e surpreendentes, se você se permitir aproveitar a vista.

Introdução: Desequilíbrio é movimento

Foi dada a largada

Você está no comando de sua jornada? Máquina, piloto e GPS estão ajustados para desbravar pistas mundo afora ou você está no automático, sendo levado para qualquer lugar? Faça a si mesmo essas perguntas, relembre suas últimas semanas, meses, anos e encontre as respostas. Resgate na memória as tentativas frustradas de virar a chave da vida que geraram mais insatisfação e descontentamento. Cada uma delas teve sua importância, porém não são determinantes para seu futuro. As escolhas tomadas no presente serão seu carimbo no passaporte para um novo destino.

Pare de viver em desconexão e de aproveitar a vida em sua potencialidade. Quando adquirir conhecimento sobre o funcionamento dos seus mecanismos internos, você terá clareza sobre como fazer boas escolhas, a fim de alcançar os alvos desejados. No entanto, cabe dizer que uma transformação completa só será possível se você tiver coragem de assumir o controle do carro, acionar o satélite e dar partida na ignição sem medo.

Esse é o meu convite para você.

Nos próximos capítulos, quero ser um condutor para ajudar você a performar holisticamente. Em nossa caminhada, vou ensiná-lo a estabelecer uma conexão com seu corpo real; a compreender que não se trata de corresponder a um padrão estético de beleza, mas de reconhecer nele o veículo dado a você para percorrer o mundo, para sentir prazer e alegria. Por isso, seu corpo merece ser preservado a todo custo.

Não vamos falar sobre os melhores exercícios para cada grupo muscular ou sobre como se alimentar melhor para ter bons resultados. Isso tudo você provavelmente já ouviu milhares de vezes e de diferentes maneiras. Aqui você terá a chance de fazer as pazes com seu passado e de tomar decisões saudáveis e inteligentes para, de uma vez por todas, parar de se frustrar com a própria imagem, criando um ambiente de convívio, amizade e cuidado com sua matéria física.

Meu objetivo é cultivar o entendimento de que, da mesma maneira que o corpo é capaz de promover ações que o levam

É tudo uma questão de desequilíbrio

a viver o extraordinário, a alcançar aquilo que você não acredita ser naturalmente possível, ele também reage com sofrimento de acordo com o modo como é mantido. Essas reações podem, por sua vez, causar danos ao organismo, tornando a jornada carregada de problemas e limitações – me refiro aos impactos (às vezes muito brutais) nos aspectos psicológicos. A conscientização sobre a importância da manutenção dessa máquina inclui, portanto, a responsabilidade de decidir por qual caminho você seguirá.

Na sequência, será o momento de abrir portas e janelas para esmiuçar suas crenças limitantes, aqueles pensamentos fixos sobre coisas que você considera verdadeiras, ainda que elas machuquem e afastem você dos seus sonhos. Você vai ser confrontado com os motivos pelos quais continua se autossabotando e adiando a conquista do bem-estar necessário para encarar essa viagem desafiadora rumo ao futuro. O objetivo é fortalecer sua mente para que você possa assumir a direção dessa jornada, utilizando as interferências internas e externas como catalisadores para seu desenvolvimento pessoal.

Lembre-se: você é o piloto que está no comando da máquina. Caberá a você acelerar e reduzir a marcha no momento certo. Para entender isso melhor, é preciso aprender a importância da gestão de energia. A maneira como administra a energia gasta ao longo do dia determina o quanto esse investimento tem trazido cargas positivas ou negativas para seu campo vibracional. Às vezes, por deixar a vida ligada no automático, você nem percebe que a frequência de energia fica cada vez mais baixa. Ajustar esse consumo vai ajudá-lo a se blindar cada vez mais contra a frequência negativa que pode desmotivá-lo.

Vou considerar a mente como o comandante das ações, e o cérebro, o executor da tarefa. À medida que for se familiarizando com esse conceito, você vai entender que uma mente treinada coloca o cérebro para trabalhar com eficiência. Minha proposta é apresentar uma mentalidade que favoreça e potencialize o desenvolvimento de um ambiente de alta performance, para que, assim, você possa atingir o máximo de sua capacidade transformadora.

Introdução: Desequilíbrio é movimento

No fim dessa etapa, teremos chegado ao ápice da Performance Holística. Será o ponto de confronto com suas sombras e seus fantasmas, a fim de permitir uma conexão via satélite entre a alma e o Criador. É importante esclarecer que não se trata de uma experiência religiosa, mas de um encontro com a espiritualidade no sentido holístico do termo. Tem menos relação com uma ideia preestabelecida sobre Deus e mais com a dimensão na qual você deposita crenças e esperanças.

Você será convocado a limpar seu espírito do fardo carregado até hoje. Afinal, quando se está transbordando de tranqueiras antigas, não é possível abrir espaço para a prosperidade e abundância. Neste livro veremos o processo dos três Ls (limpeza, libertação e livramento) como meio para mergulhar definitivamente na transição para uma vida com propósito; uma existência na qual valerá a pena construir um legado e cultivar um futuro promissor.

Pronto para seguir comigo? A partir de agora, vou movimentar suas estruturas mais íntimas para que, desequilibradaMENTE, você se permita ir além, movimente-se e performe holisticamente. Aperte os cintos. Foi dada a largada para a jornada definitiva rumo ao melhor de você!

CAPÍT

Alguma vez você já acordou com a sensação de estar vivendo uma vida muito diferente da que sempre sonhou? Assim como eu, há alguns anos, já refletiu diante do espelho sem entender por que não consegue amar verdadeiramente a pessoa que olha você de volta? Já se comparou com amigos e colegas e percebeu que, ao contrário deles, você não se sente no comando da própria história?

Se respondeu "sim" para essas perguntas, saiba que essa sensação de inadequação é mais frequente do que você imagina. No mundo inteiro, milhares de pessoas se confrontam consigo a cada segundo e se sentem infelizes com quem se tornaram ao longo dos anos. Vejo esse cenário se repetir continuamente nos locais pelos quais circulo. Todos os dias, converso com homens e mulheres de diferentes idades e condições sociais, e reconheço em muitos deles esse peso carregado nos ombros.

As reclamações partem quase sempre de uma insatisfação com a realidade que vivem. Em geral, essas pessoas sonham em ser bem-sucedidas profissionalmente, ter liberdade financeira, saúde, bons relacionamentos e um propósito pelo qual valha a pena acordar todos os dias. O que têm, no entanto, está longe disso: lutam o tempo todo contra pensamentos negativos e uma falta de perspectiva de vida clara, não se cuidam física e mentalmente e se

É tudo uma questão de desequilíbrio

afundam cada vez mais em um cotidiano tomado por cansaço e falta de energia.

Quando chegam até mim, muitos compartilham que estão exaustos dessa falta de direcionamento. Alguns contam que já tentaram diversos processos terapêuticos, mentorias de desenvolvimento pessoal, cursos e leituras, e até conseguiram ter bons resultados. O problema é que, depois de se depararem com as feridas abertas, não sabem o que fazer ou como se manter firmes no processo de transformação.

Sei que isso é, de fato, complexo e que exige muito investimento emocional, pois implica acessar camadas profundas da mentalidade e ter paciência para viver a espera fundamental da ação do tempo. No entanto, sei também que a saída desse ciclo não somente é possível como pode ser iniciada a qualquer momento – e é por essa razão que escrevi este livro.

Costumo dividir essas pessoas em dois grandes grupos. O primeiro, que chamo de **presos ao passado**, é formado por aqueles que experimentaram situações de profunda infelicidade e ainda não superaram os traumas vividos. O segundo é composto de gente que, embora não amargue grandes sofrimentos anteriores – ou que já tenha conseguido resolver essas questões –, acabou colocando a vida no piloto automático e está desorientada sobre o que esperar daqui para a frente. Esses são os **perdidos no presente**: sentem-se insatisfeitos consigo, sabem que precisam mudar algo, mas não têm certeza de onde querem chegar e muito menos do que fazer para buscar uma existência que faça mais sentido.

Apego ao passado

Vamos analisar cada grupo de maneira separada. Os **presos ao passado** têm um perfil quase sempre semelhante. Em geral, usam o que viveram em algum momento da vida como base para tudo o que lhes acontece de ruim em qualquer tempo. Por não terem curado as feridas e ressignificado as experiências – por falta de apoio, de recursos financeiros e emocionais ou até mesmo de

Preso ao passado ou perdido no presente?

vontade –, não conseguem desapegar de dores antigas e fecham-se para as oportunidades que surgem.

Essas pessoas são tão atravessadas pelos traumas que, inclusive, não sabem viver sem eles. Construíram a identidade a partir de uma visão negativa, e a possibilidade de perder essa referência assusta mais do que tentar um novo caminho. É como se precisassem desses apoios para continuarem existindo, pois amargam o medo de ficar sem elas e cair mais uma vez.

E aqui saliento que não há um tipo específico de drama pessoal nem uma escala de sofrimento. Afinal, cada ser humano sabe exatamente o tamanho da própria dor. Por exemplo, problemas de saúde, morte de pessoas queridas, perda de emprego, endividamento, fim de relacionamentos amorosos, divórcios conturbados, acidentes graves ou falta de suporte em momentos significativos. Enfim, independentemente da razão para o desequilíbrio da alma, o buraco que se abre no peito de cada um é pessoal e intransferível. Como diz o ditado: cada um sabe onde o calo aperta.

Os **presos ao passado** têm uma grande trava para viver o momento presente em sua plenitude, e muitos desenvolvem sérios problemas mentais, como distúrbios de imagem, inabilidade de socialização e até mesmo depressão. Sentimentos como nostalgia, remorso e arrependimento são comuns, pois, ao olhar para trás, essas pessoas costumam se sentir culpadas pelas próprias escolhas, ainda que não tenham tido sequer a oportunidade de decidir em diversas situações. É como um círculo vicioso que impede a vida de acontecer no agora.

O resultado disso você provavelmente já sabe: falta de sentido pessoal, dificuldade de encontrar relacionamentos que valham a pena, medo do novo, projetos que nunca terminam, baixa autoestima, insatisfação com a própria aparência. A sensação é de ter parado no tempo e perdido o bonde da vida. Nada acontece, nada satisfaz.

O futuro, para essas pessoas, é uma grande incógnita. Apesar de desejarem uma jornada mais plena e vibrante, o apego a tudo o que não deu certo no passado é um poderoso combustível para manter girando a roda da mediocridade. O sujeito pensa: *Ok, sei*

É tudo uma questão de desequilíbrio

que, se eu tentar, posso fracassar outra vez. Então é melhor poupar energia e permanecer no mesmo lugar. O problema é que a vida passa rápido demais para ser desperdiçada.

Joana,[1] uma mulher de 47 anos, é um exemplo clássico de alguém que pertence a esse grupo. Durante a infância, ela teve traumas decorrentes de convívio familiar e cresceu com um acentuado mecanismo de autodefesa. À medida que o tempo foi passando, desenvolveu fortes crises de identidade e de ansiedade por causa da maneira como aprendeu a enxergar o mundo e a si mesma, transferindo essas questões para todas as áreas da vida. O corpo dela foi um dos primeiros a serem afetados. Joana descontava na comida o vazio que não sabia preencher, atingindo um grau severo de obesidade. Ela passou boa parte da vida lutando contra o excesso de peso e as complicações de saúde provocadas por essa condição.

Os distúrbios de autoimagem não demoraram a aparecer e se tornaram perigosos sabotadores para o desenvolvimento pessoal de Joana, reverberando, também, no campo profissional. Insegura em relação à própria capacidade, não conseguia estabelecer seus interesses e acabou ingressando na advocacia por interferência familiar, mas não se sentia feliz com essa escolha. Logo surgiram crenças e bloqueios que a deixaram ainda mais distante de sua real identidade.

Em 2015, Joana decidiu se submeter a uma cirurgia bariátrica, pois estava enfrentando muitos problemas de saúde. Ela acreditava que, dali em diante, poderia se sentir mais saudável e fazer as pazes com o corpo. Após o procedimento, no entanto, ela precisou lidar com o excesso de pele, característico de quem perde muito peso, e a tão esperada sensação de alívio e liberdade não veio. Esse foi um gatilho doloroso para Joana, pois a remetia a um sofrimento vivido durante toda a infância, lutando com a própria imagem corporal.

Então em 2020 houve a pandemia do coronavírus. Antes de mergulhar no caos que contaminou o mundo inteiro, Joana resolveu procurar ajuda e chegou até mim, interessada na Performance

---

1 Todos os nomes citados neste livro foram substituídos, para de preservar a privacidade das pessoas.

Preso ao passado ou perdido no presente?

Holística. Ela se sentia determinada a enfrentar as transformações profundas das quais precisava – e que, ela sabia, não se limitavam ao seu corpo físico –, então compreendeu que deveria adentrar camadas mais profundas da própria história. Se desejava realmente se reencontrar com a verdadeira Joana, precisaria vencer o medo, as desculpas e tudo o que a prendia ao passado.

Em seus discursos iniciais, era possível perceber as entrelinhas que escondiam as angústias de Joana e sua falta de autocompaixão. Ela sabia que aquele não seria um processo fácil, uma vez que remexer no passado é quase sempre reviver dores antigas. Joana, porém, seguiu em frente. Durante o percurso de descobertas e de desenvolvimento pessoal, percebeu que assumia atividades profissionais em excesso para suprir a carência de se sentir bem consigo. A sobrecarga na rotina era um dos principais potencializadores das crises de ansiedade e a mantinha presa ao ciclo de autocríticas e baixa autoestima.

Foram meses trabalhando juntos para identificarmos esses gatilhos até que ela entendesse que tinha poder de ressignificar pensamentos limitadores. O resultado começou a surgir quando Joana conseguiu estabelecer uma nova dinâmica de convívio com seus familiares – algo que gerava muitos conflitos internos.

Esse foi um passo importante para que ela pudesse olhar para si com mais generosidade e passasse a tomar decisões com base no que ela queria de fato – por exemplo, como mudar de carreira. Ao tirar o pé do freio, deixou de se sentir um veículo desgovernado e, aos poucos, passou a se reconhecer como uma mulher bonita e interessante, abandonando a maneira depreciativa como se enxergava.

Claro, esse não é o fim do processo de Joana. A Performance Holística é um exercício contínuo de autoavaliação e de busca por movimento diante dos desequilíbrios que surgem no meio do caminho ou daqueles que nós mesmos vamos atrás – você vai entender melhor essa diferença nos capítulos seguintes. O que posso adiantar é: não importa o que tenha acontecido em sua vida, só existe um modo de mudar o que não está fazendo você feliz, e se inicia com uma decisão pessoal e com a consciência de que será preciso desestruturar velhas crenças se quiser subir mais alto.

É tudo uma questão de desequilíbrio

Carpintaria de ouro

Nosso passado não nos define. Se olhar para trás, você vai perceber que em sua trajetória até aqui, por piores que sejam suas cicatrizes, há uma série de grandes conquistas que só foram possíveis porque você foi lá e fez. Claro que, quando estamos imersos na dor, essas memórias parecem se apagar, mas é preciso ter em mente que elas estão ali. Nós somos o resultado dos nossos momentos bons e ruins, das vitórias e derrotas, dos erros e acertos, do risos e choros. Todas essas experiências somadas dão sentido a quem somos e ao que queremos ser.

Você não precisa apagar seu passado para viver o presente ou projetar o futuro. Porém, tampouco deve viver ancorado nas tragédias que viveu sem nem ao menos se dar a chance de ampliar os horizontes. A vida não é e nunca será perfeita para ninguém, mas o modo de reagir aos acidentes de percurso é o que diferencia quem está pronto para traçar um plano de voo em direção ao topo mais alto da montanha de quem pretende permanecer no chão e ficar sonhando com a subida.

Reza uma antiga lenda japonesa que, no século XVI, um xogum chamado Ashikaga Yoshimasa[2] quebrou acidentalmente uma tigela de estimação chinesa muito importante para as cerimônias de chá que ele realizava. Aborrecido com o ocorrido, ele enviou os cacos para o país de origem, na esperança de um possível restauro. Quando recebeu o objeto de volta, no entanto, Ashikaga ficou decepcionado com o remendo feito com grampos de metal e péssimo acabamento. Descontente com o desfecho, o xogum pediu a artesãos locais uma solução para o problema.

Os trabalhadores japoneses tiveram uma ideia (literalmente) brilhante: uniram os fragmentos da tigela e preencheram as rachaduras com verniz polvilhado de ouro. O resultado do "conserto" se assemelhou a finas cicatrizes douradas, aparentes e vibrantes.

---

2 REBÓN, M. Kintsugi: a beleza das cicatrizes da vida. **El País**, 10 dez. 2017. Disponível em: https://brasil.elpais.com/brasil/2017/12/01/eps/1512125016_071172.html. Acesso em: 24 jun. 2022.

> A vida não é e nunca será perfeita para ninguém, mas o modo de reagir aos acidentes de percurso é o que diferencia quem está pronto para traçar um plano de voo em direção ao topo mais alto da montanha de quem pretende permanecer no chão e ficar sonhando com a subida.

É tudo uma questão de desequilíbrio

Em vez de ter as imperfeições disfarçadas, a antiga peça passou a exibir as fissuras do passado, tornando-se exclusiva em beleza e singularidade. Embora diferente da original, a "nova" tigela chamou a atenção não somente de Ashikaga como também de outros senhores da época, e a arte acabou se tornando a precursora do *kintsugi*, uma técnica tradicional no Japão também conhecida como **carpintaria de ouro**.

Por que estou contando essa história? Porque esse método de transformar a estética de objetos quebrados em novas peças passou a ser utilizado também como importante metáfora para a necessidade de resistência diante das adversidades. Afinal, se não é possível mudar o passado ou apagar as experiências de dor ou fracasso, podemos ressignificar as feridas e fazer de cada uma delas uma marca da nossa história que nos levará a vivenciar um jeito diferente de ser.

Dentro da zona de (des)conforto

Vamos então ao segundo grupo? Como falei anteriormente, os **perdidos no presente** são as pessoas que, apesar de não amargarem o sofrimento de grandes traumas – ou já terem superado essas questões –, acabaram colocando a vida no piloto automático. Vivem dia após dia sem se questionar o que fazem, o que desejam ou aonde pretendem chegar. Na maior parte do tempo, sentem-se presas a um estilo de vida banal, descrentes da ideia de que podem recomeçar tudo. Estão tão acostumadas a esse marasmo cotidiano que desistiram de gastar energia para tentar algo diferente.

Esse talvez seja o perfil mais difícil de mudar, pois é do tipo que tenta se convencer de que a vida é isso mesmo e não há mais nada a ser feito. Para essas pessoas, já que o futuro não parece animador, o mais indicado então é continuar zanzando no presente, vivendo no clima Zeca Pagodinho do "deixa a vida me levar"; elas agem como se não pudessem fazer novas escolhas e têm desculpas prontas para argumentar cada questionamento sobre a eterna insatisfação. Reclamam, sofrem, frustram-se, mas não conseguem sair do lugar.

Preso ao passado ou perdido no presente?

Não sei se é o seu caso, mas você provavelmente conhece alguém emaranhado nessa chamada zona de conforto. Talvez essa palavra "conforto" tenha se popularizado porque esse tipo de condição costuma gerar uma imagem sedutora de que esforços são dispensáveis se você está em um território conhecido, sem grandes traumas ou dramas. Essa, no entanto, é uma visão bastante equivocada, pois quando alguém opta por uma vida baseada apenas no que é, de certa maneira, "dominado", renuncia a qualquer possibilidade de crescimento ou evolução, seja pessoal, profissional ou espiritual.

Presos a círculos viciosos e improdutivos, esses indivíduos se negam a abraçar desafios e a sair da inércia. As causas para esse comportamento são variadas e vão desde aversão ao risco e medo de fracassar até a soberba – quando alguém se acha tão perfeito que não precisa conquistar ou aprender mais nada. Independentemente do motivo que leva uma pessoa a ficar refém da zona de conforto, uma coisa é certa: as consequências podem ser dolorosas e demandar um investimento emocional ainda maior para superá-las.

Eu, particularmente, não concordo que seja possível se sentir confortável em um tipo de existência tão limitante. Se a vida nos oferece diariamente milhares de possibilidades, experiências, cenários e chances de conhecer coisas novas, como alguém poderia se contentar em permanecer parado no tempo e no espaço, deixando de experimentar a dádiva que é a capacidade de se reinventar? Essa zona de desconforto, como prefiro chamar, é um dos grandes males da modernidade, pois foi criada a partir da ideia de que a estabilidade é a receita para o sucesso. Acredite, não é.

Nós, seremos humanos, somos seres de movimento. Diferentemente dos animais, que buscam somente sobrevivência e segurança, nós queremos ir além. Desbravamos céus, desertos e mares porque somos, em essência, curiosos para descobrir o que faz o nosso coração bater mais forte. Quando tentamos nadar contra essa correnteza, surge o sentimento de que não estamos experimentando o melhor da vida – embora, algumas vezes, haja esforço para acreditarmos que não precisamos de movimento, que "assim está bom".

É tudo uma questão de desequilíbrio

Deitar-se na zona de conforto e fechar-se nela é cultivar a ilusão de que a vida pode existir sem sobressaltos, dores ou fracassos. Adversidades e riscos são parte inerente da humanidade. Sentir ansiedade, estresse, tristeza, decepção e medo é absolutamente normal. Não se pode abdicar da vida e acionar uma falsa ideia de controle se, a qualquer momento, pode surgir um tsunami para tirar tudo do lugar. E quando não se está preparado para esses revezes, a queda é sempre maior, desencadeando impactos negativos na carreira, na imagem pessoal, na saúde, nas relações e no autoconhecimento. Ficar parado vendo a vida passar nunca é a melhor opção.

Que bom que você caiu

A skatista Karen Jonz, pioneira no esporte no Brasil, conhece de perto a importância de sair dessa zona de conforto para conquistar os muitos títulos que trouxe para o país – ela foi a primeira brasileira a se sagrar campeã mundial de skate vertical (2006). Em seu depoimento ao TEDx São Paulo,[3] "Que bom que você caiu", Karen conta como aprendeu desde cedo que precisaria se desafiar o tempo inteiro caso desejasse deslanchar na carreira e se tornar uma referência em seu meio.

A rotina de treinos de Karen é dividida em dois momentos: há os dias mais tranquilos, em que ela não está focada profissionalmente; e há os dias em que precisa dar o melhor de si. Nos primeiros, o objetivo é apenas se divertir e se manter em movimento. Não há cobranças para atingir resultados. Nessas ocasiões, segundo seus "gráficos imaginários", ela passa 50% do tempo descansando, 31% acertando as manobras e apenas 19% caindo – sim, levando tombos!

---

3 QUE bom que você caiu. Karen Jonz. TEDxSaoPaulo. 2017. Vídeo (6 min e 30 seg). Publicado pelo canal TEDx Talks. Disponível em: https://www.youtube.com/watch?v=8Re9v2MpIww. Acesso em: 29 jan. 2022.

> Deitar-se na zona de conforto e fechar-se nela é cultivar a ilusão de que a vida pode existir sem sobressaltos, dores ou fracassos. Adversidades e riscos são parte inerente da humanidade.

É tudo uma questão de desequilíbrio

Já nos treinos em que precisa estar em seu foco máximo para tentar manobras mais radicais, a atleta passa 89% caindo, 10% descansando e somente 1% acertando. "Esse 1% é equivalente a cinco segundos. Nas outras três horas em que estou andando, eu simplesmente cometo erro atrás de erro", diz Karen.

A consciência sobre o próprio processo deu à skatista uma lição valiosa: o progresso só acontece fora da zona de conforto. Ela explica:

"Nos dias em que me puxo um pouco mais, eu alcanço a evolução, que é o meu motivo para continuar. É buscar ser amanhã melhor do que fui ontem, mas sem perder o foco no presente, curtindo o meu momento e não pensando no que já aconteceu ou no que está para acontecer. Acho que a minha melhor manobra é a que está sempre por vir. Nunca me conformo com o que já fiz. Sempre busco o novo e acho que consigo me superar a cada dia e a cada vez que eu ando. Isso faz com que eu seja uma pessoa aberta a novas oportunidades, a aprender com meus próprios erros, a buscar conhecimentos e a estar aberta a pessoas e situações que tenham algo para me ensinar."

A lição de Karen pode se resumir em: para avançar 1% na vida, precisamos cair incontáveis vezes. Precisamos aprender os movimentos que acontecem durante uma queda para estarmos minimamente mais preparados quando o próximo revés do destino vier.

Karen conta que, a cada tombo, percebia que estava mais perto do acerto. Em cada erro, entendia um pouco mais sobre o que não deveria repetir e quais caminhos a levariam para o próximo nível. Afinal, a melhor manobra ainda vai chegar. É só uma questão de tempo e persistência. Que bom para nós, brasileiros, que Karen aprendeu a cair. E a levantar cada vez melhor.

> Não se pode abdicar da vida e acionar uma falsa ideia de controle se, a qualquer momento, pode surgir um tsunami para tirar tudo do lugar.

É tudo uma questão de desequilíbrio

Você não nasceu para permanecer no cais

Apesar de aparentemente estarem em condições distintas, as pessoas **presas ao passado** e as **perdidas no presente** têm algo em comum: não sabem lidar com os desequilíbrios da vida, as ferramentas mais poderosas para se conquistar um jeito pleno de aproveitar a passagem pelo mundo. Se as primeiras não conseguem ultrapassar os sobressaltos vividos e olhar para a frente, as demais ainda não entenderam que é no desequilíbrio que está a saída para uma vida mais leve, feliz e realizada.

Talvez você também ainda não tenha compreendido a importância do desequilíbrio para seu crescimento individual porque essa teoria vai contra tudo o que você ouviu desde o seu nascimento: para sermos bem-sucedidos, a chave está na estabilidade. Durante a infância, nossos pais evitam nossas frustrações e quedas (mesmo as mais inofensivas) e, à medida que crescemos, eles nos educam sobre uma série de requisitos que devemos conquistar na vida adulta. Em outras palavras, já nascemos com uma lista editada e carimbada de tudo o que precisaremos ser e ter para sermos aceitos socialmente.

Aprendemos, por exemplo, que "dar certo na vida" significa exclusivamente ser magro(a), conseguir um emprego estável antes dos 30 anos, casar-se, ter pelo menos dois filhos, comprar um imóvel próprio, manter uma carreira promissora por quatro décadas e se aposentar para viver os últimos anos com a conta bancária farta em uma espreguiçadeira à beira-mar. Conquistar esse pódio – e permanecer nele sem pender para os lados – deve então ser algo a ser perseguido a todo custo.

Não há problema algum em desejar essa vida. Talvez esse seja o futuro sonhado por milhares de indivíduos ao redor do mundo, porém não existe um manual para ditar as regras do que traz bem-estar a cada ser humano. Em outras palavras, esse "rol do sucesso" é uma grande invenção. Não somos seres pré-moldados que desejam coisas iguais e anseiam chegar aos mesmos lugares

Preso ao passado ou perdido no presente?

que todo mundo. Cada um deve ter o direito de acolher os próprios desejos e as falhas sem que isso seja uma imposição social.

Para isso, no entanto, é necessário romper determinados padrões e deixar de acreditar que eles sejam a única alternativa possível para uma realização plena. E mais: aprender a se provocar continuamente sempre que as coisas parecerem acomodadas demais para não correr o risco de acordar um dia e descobrir que caiu na armadilha de uma vida pobre em desafios – e, consequentemente, sem novas experiências.

Não é fácil viver esse processo no mundo real. Eu também passei por muitos perrengues e questionamentos até entender que a evolução não existe quando você se apega ao passado, e muito menos na zona de conforto. Para conseguir chegar até aqui, precisei viver aquilo que defendo, superando meus medos e me sacudindo quando entrava em estado de inércia. Isso não significa, porém, que devemos viver eternamente insatisfeitos com o que somos ou temos, mas que precisamos refletir sobre nossos sonhos e ter coragem de admitir quando algo não faz mais sentido – e ir atrás de uma nova possibilidade de ser mais feliz.

Conforme falei no início deste livro, podemos imaginar a vida como uma jornada, em que nosso corpo é o carro, pilotado pela mente e guiado pelo espírito. Há, porém, outra comparação que diz muito sobre a maneira como enxergo a existência humana. Nessa versão, vejo as pessoas como barcos que navegam em mar aberto. Fomos criados por Deus para percorrer oceanos e experimentar as emoções de estar livres sob o céu.

Nessas viagens, passamos por tempestades e calmarias, chegamos a lugares desconhecidos, encontramos outras embarcações e, em determinados momentos, precisamos soltar a âncora para não ficarmos à deriva. Para aportar onde desejamos, pesquisamos cartas náuticas, obedecendo não somente às leis da natureza, mas também conhecendo de antemão todos os obstáculos que possam surgir.

No fim de cada jornada, há sempre um cais pronto para nos receber. É lá que reabastecemos a embarcação, renovamos os suprimentos e estudamos o próximo destino. Sei que é tentador imaginar como seria melhor permanecer protegido na segurança

É tudo uma questão de desequilíbrio

do porto do que enfrentar as incertezas do mar, mas quem nasceu para ser barco não sabe viver atracado por muito tempo.

Nossa essência nos move a buscar o agito das ondas, as chuvas torrenciais ou os dias de verão. Não importa o que venha pela frente, existe um impulso nos levando sempre em direção aos ventos. Se você não tem sentido essa inquietação e tem passado cada vez mais tempo atracado, está na hora de entender o que impede você de soltar a âncora.

Ao optar por permanecer comigo aqui nesta imersão pelo desequilíbrio, imagino que você queira ser o comandante da embarcação, certo? Deseja aprender a ressignificar os traumas do passado ou desligar o botão do piloto automático que vem guiando sua vida nos últimos anos? Nas páginas a seguir, vamos entender o que levou você a essas condições e, o mais importante, como se despedir do cais e desbravar outros oceanos.

Para avançar 1% na vida, precisamos cair incontáveis vezes. Precisamos aprender os movimentos que acontecem durante uma queda para estarmos minimamente mais preparados quando o próximo revés do destino vier.

CAPÍT

ULO 2

**VOCÊ PODE ESTAR
DEFINHANDO**

O excesso de passado e a falta de clareza do que fazer no presente têm algo em comum: nas duas situações, o futuro é um terreno nebuloso e imprevisível. E essa sensação nunca foi tão evidente como nesses últimos dois anos – estamos em 2022 enquanto escrevo estas páginas –, quando o mundo deu de cara com a pandemia da covid-19. Mais do que nunca, vi a presença desse fantasma desconhecido permear a vida de muitas pessoas como um bafo quente na nuca, lembrando que há algo de errado no ar. Uma espécie de total falta de norte, ainda que a bússola continue funcionando, apontando em silêncio para o mesmo lugar.

Para muita gente, esse sentimento bateu ainda mais forte. Veio como um poderoso gatilho para manifestar – ou agravar – diversas doenças mentais, algumas delas complexas o suficiente para desestabilizar não apenas a vida individual como também a coletividade social. Afinal, o que vemos hoje é uma verdadeira descida ladeira abaixo na disseminação desses transtornos.

Segundo um estudo da Organização Mundial da Saúde (OMS) e da Organização Pan-americana da Saúde (Opas),[4] antes mesmo da pandemia o Brasil já sustentava o nada glamouroso título de

---

4 JANEIRO Branco: sinal de alerta para a saúde mental. **ANS**, 7 jan. 2021. Disponível em: https://www.ans.gov.br/aans/noticias-ans/sobre-a-ans/6138-janeiro-branco-sinal-de-alerta-para-a-saude-mental. Acesso em: 24 jun. 2022.

É tudo uma questão de desequilíbrio

país mais ansioso do mundo, além de ser o segundo maior das Américas no número de casos de depressão. Em 2017, quando a pesquisa foi realizada, um total de 18,6 milhões de cidadãos brasileiros (9,3% da população) enfrentava estado de ansiedade, caracterizado sobretudo por preocupações ou medos exacerbados e pela sensação constante de que algo muito ruim aconteceria. A pessoa ansiosa dificilmente consegue relaxar e, com o tempo, pode desenvolver sintomas físicos. No âmbito da ansiedade, o pior está sempre por vir.

A depressão, por sua vez, manifesta-se, de acordo com o Ministério da Saúde,[5] por sintomas como profunda tristeza, falta de ânimo, pessimismo e baixa autoestima. A pessoa deprimida geralmente perde o prazer por atividades que antes lhes traziam bem-estar. Vive a montanha-russa das oscilações de humor e, em casos mais graves, desenvolve pensamentos suicidas.

Ambas as doenças, ansiedade e depressão, têm tratamento e devem ser encaradas com seriedade por pacientes e familiares. Com a conduta certa, é possível recuperar a saúde e se livrar de tanto peso e angústia. No entanto, ainda existe em todo o mundo forte preconceito sobre as doenças mentais e, em milhares de lares, falar dessa questão é um tabu. Você já deve ter ouvido falar, por exemplo, que depressão é "frescura, mimimi, fraqueza, falta de amor-próprio e de fé (ou até de sexo)". Para quem nunca sentiu na pele ou teve alguém querido que enfrentou essa ciranda emocional, falar é fácil – e bastante cruel. O difícil é encarar essas questões e encontrar na própria existência um jeito de enxergar a vida de maneira menos dolorida.

O falho sistema de saúde mundial, em geral, também pouco contribui para melhorar esse quadro. Ainda segundo a Opas, entre 35% e 50% das pessoas com transtornos mentais em países de alta renda não recebem tratamento adequado; e, nos países de baixa e média renda, o percentual é ainda maior, entre 76% e 85%.

---

5 DEPRESSÃO. **Gov.br**, 16 nov. 2020. Disponível em: https://www.gov.br/saude/pt-br/assuntos/saude-de-a-a-z/d/depressao-1. Acesso em: 3 jul. 2022.

Você pode estar definhando

Somadas, as doenças mentais são responsáveis por mais de um terço do número de pessoas incapacitadas nas Américas. É gente demais sofrendo sem saber o que fazer.

Fadiga pandêmica e *languishing*

A chegada da pandemia da covid-19 veio acelerar ainda mais esse cenário. Desde o início de 2020, muito se pesquisou sobre o impacto dos acontecimentos na vida íntima das pessoas. Uma pesquisa encomendada pelo Fórum Econômico Mundial (FEM),[6] e realizada pela International Society for the Psychoanalytic Study of Organizations (em português, Sociedade Internacional para Estudo Psicanalítico de Organizações), a Ispso, apontou que 53% dos brasileiros declararam que seu bem-estar mental piorou um pouco ou muito no último ano. Essa porcentagem só foi maior em quatro países: Itália (54%), Hungria (56%), Chile (56%) e Turquia (61%).

O que explica esse aumento? De cara, podemos indicar alguns motivos: a morte de pessoas queridas, o distanciamento e o isolamento social, o medo de adoecer, a perda de renda pela impossibilidade de trabalhar, o desemprego, as alterações significativas na rotina e o home office iniciado sem nenhum planejamento.

Todas essas "heranças" da pandemia provocaram um impacto gigante na saúde dos indivíduos, deixando um rastro ainda difícil de mensurar. Já sabemos, porém, que fomos chacoalhados tão intensamente que se tornou inevitável repensarmos questões consideradas verdades imbatíveis. Em menor ou maior medida, pudemos parar para refletir sobre como estávamos vivendo até aqui e o que levaremos para o futuro.

Tais inquietações provocaram pesquisadores nos quatro cantos do planeta. Uma movimentação internacional surgiu para

---

6 COVID: saúde mental piorou para 53% dos brasileiros sob pandemia, aponta pesquisa. **BBC News**, 14 abr. 2021. Disponível em: https://www.bbc.com/portuguese/geral-56726583. Acesso em: 8 fev. 2022.

É tudo uma questão de desequilíbrio

tentar entender o que aconteceu a partir da mudança brusca da realidade que conhecíamos e quais são as nossas chances de sairmos disso tudo mais fortalecidos de alguma maneira. Nessa onda de pesquisas científicas, ganharam força novos termos e conceitos sobre os transtornos mentais e as condições de ordem psicológica. Um desses termos foi a chamada **fadiga pandêmica**.

A terminologia foi adotada pela OMS para designar o cansaço e o esgotamento físico e mental causados pelos impactos e privações decorrentes da transformação sofrida da noite para o dia.[7] Afinal, dormimos e acordamos em um mundo dominado por situações de forte carga emocional. Carentes de planejamentos prévios, tivemos de passar a viver atrás de máscaras sem entender direito a dimensão de tudo – e, até o momento, ainda não compreendemos.

Após meses e meses com a doença pairando sobre nossa cabeça, a exaustão tomou conta de grande parte da população. Muita gente se viu mergulhada em uma maré de desesperança e pressão por todos os lados. Por sorte, nós resistimos. Estamos aqui, sobrevivendo a esse tsunami e tentando erguer pontes que nos levem a um mundo melhor – dentro e fora de nós.

Apesar de não se configurar uma doença mental propriamente dita, a fadiga pandêmica acende sinais evidentes de que há um importante conflito interno em movimento e que, se ele não for encarado com seriedade, no futuro pode evoluir para quadros mais graves de depressão e ansiedade. É a velha *"red flag"* (bandeira vermelha): um alerta para prestar atenção em algo antes que o pior aconteça.

Outra expressão que veio na locomotiva dos tempos de covid-19 é o **definhamento** ou *languishing* (do original em inglês), utilizado pelo psicólogo e escritor norte-americano Adam Grant – alguns pesquisadores brasileiros preferem usar os termos "à deriva" ou "apagamento". Em uma matéria que rapidamente viralizou no

---

7 REALIDADE imposta pela pandemia pode gerar transtornos mentais e agravar quadros existentes. **Ministério da Saúde**, 10 out. 2021. Disponível em: https://aps.saude.gov.br/noticia/14197. Acesso em: 3 jul. 2022.

Você pode estar definhando

The New York Times,[8] Grant compartilhou o sentimento observado em seu grupo de amigos, que era o mesmo sentido por ele desde os primeiros meses de 2021.

Apesar de, na época, a vacinação já ter despontado como uma luz no fim do túnel, todos se sentiam desanimados com as perspectivas. Passaram a ser comuns depoimentos de familiares que ficavam até tarde assistindo a filmes antigos na TV sem nenhuma motivação ou gastando horas em jogos bobos de celular. Para Grant, a percepção era de que ninguém tinha mais energia para nada. Onde faltava alegria e objetivos, sobrava uma espécie de desesperança.

Grant e seus amigos sabiam que não estavam deprimidos – no sentido clínico do termo. O que eles sentiam tinha um nome: estavam definhando; presos em uma teia de estagnação e vazio. "Parece que você está atrapalhando seus dias, olhando para a vida através de um para-brisa embaçado. E essa pode ser a emoção dominante de 2021",[9] apontou ele.

Quando Grant publicou o texto, o medo exacerbado e a dor do primeiro ano de pandemia já haviam diminuído com a chegada das vacinas. O tempo, porém, arrastava-se sem que a situação tivesse um fim definitivo. Era como se a vida estivesse em suspensão, levando muita gente a uma situação crônica de definhar: a pessoa não tem uma doença mental, porém tampouco sente algum tipo de bem-estar, pois não se encontra em sua plena capacidade, perde a concentração e acha que está paralisada enquanto o mundo continua girando do lado de fora.

Segundo Grant, o termo definhamento foi cunhado pelo sociólogo Corey Keyes, que ficou impressionado com o fato de muitas pessoas não estarem deprimidas, mas também não prosperarem. O mais preocupante na pesquisa de Keyes é a sugestão

---

8 GRANT, A. There's a Name for the Blah You're Feeling: It's Called Languishing. **The New York Times**, 19 abr. 2021. Disponível em: https://www.nytimes.com/2021/04/19/well/mind/covid-mental-health-languishing.html. Acesso em: 8 fev. 2022.

9 Tradução livre do texto original.

É tudo uma questão de desequilíbrio

de que as pessoas com maior probabilidade de sofrer grandes transtornos de depressão e ansiedade na próxima década não são as que já apresentam esses sintomas,[10] mas aquelas que estão definhando agora.

Para ele, o perigo está em não notar imediatamente esse entorpecimento do prazer ou a diminuição da motivação. O indivíduo que definha não percebe que está escorregando lentamente para a solidão, e fica indiferente à própria indiferença. Por não enxergar esse sofrimento, não procura ajuda e tampouco acredita que depende dele sair desse lugar de apatia. É nessas lacunas que os transtornos mentais encontram espaço para fazer morada.

O cérebro em alerta

Mesmo antes de um vírus invisível surgir para escancarar nossa fragilidade, o definhamento já vinha soltando suas garras sobre a sociedade havia algum tempo. A maneira como vivemos torna mais fácil cair na armadilha de deixar a vida no piloto automático e não se dar conta disso. Até o dia em que você para e pensa: *Como o tempo passou e eu não percebi? Em que momento desisti de buscar ser quem sou de verdade e me contentei em ser apenas o que dava para ser?*

Quando esses questionamentos aparecem, só há dois caminhos: ignorá-los e continuar vivendo um dia após o outro sem perspectiva alguma, ou então identificar e enfrentar os gatilhos que nos colocam em uma grande massa automatizada.

Conheço esse sentimento porque, durante muitos anos, estive dentro das estatísticas que parecem caminhar a passos largos em todo o planeta. Conforme falei anteriormente, as dores causadas pela obesidade despertaram em mim, ainda na adolescência, uma

---

10 ESPECIALISTAS identificam sentimento desenvolvido na pandemia relacionado ao vazio interior. Entenda o que é languishing. **Glamurama UOL**, 26 abr. 2021. Disponível em: https://glamurama.uol.com.br/notas/especialistas-identificam-sentimento-desenvolvido-na-pandemia-relacionado-ao-vazio-interior-entenda-o-que-e-languishing/. Acesso em: 3 jul. 2022.

Você pode estar definhando

sensação de constante inadequação e cansaço. Eu olhava para o meu corpo e não entendia o que havia feito para ter nascido dentro dele. Nada se encaixava. A ansiedade era uma companhia constante da qual eu tentava a todo custo me desvencilhar. Por mais que corresse, ela estava sempre prestes a dar um bote.

Isso só começou a mudar quando comecei a entender os porquês de eu não conseguir me sentir autêntico. E mesmo quando as coisas clarearam na minha cabeça, ainda vivi muitos outros momentos em que precisei me desafiar para não correr novamente o risco de ficar paralisado. Afinal, sempre que minha vida parecia avançar, sentia medo de que tudo desse errado. Um pensamento negativo me rondava, sugerindo que eu poderia não somente me prejudicar, mas também decepcionar as pessoas que tanto amo.

A pandemia de covid-19 me mostrou, mais uma vez, que eu precisava me movimentar, repensar meus planos e me reinventar. Tenho percebido o mesmo sentimento agitar milhares de pessoas que não querem perder a chance de dar um novo sentido à vida; afirmam já ter perdido tempo demais apenas seguindo o fluxo e agora desejam escolher as próprias rotas, sejam essas quais forem.

Claro, isso não é fácil, rápido ou garantido. Todas as vezes em que centralizamos nossos pensamentos no agora, o choque de realidade vem à tona. É como se o cérebro humano, marcado por um instinto natural de autodefesa, entrasse em estado de alerta para a sobrevivência. E esse *modus operandi* aumenta a tensão, reforçando a necessidade de respostas imediatas.

Como parte desse mecanismo, as incertezas em relação ao futuro ligam o botão de ansiedade. Os pensamentos negativos afloram e bloqueiam a criatividade e a disposição para fazer planos positivos. O cérebro reage trazendo à mente tudo o que você já viveu e deu errado. Nesse instante, acende-se a velha luz: *Se já fracassei uma vez, certamente fracassarei de novo. Não vou conseguir. Por que devo tentar novamente?*

Quando esse processo acontece, as pessoas tendem a ficar mais exaustas, preguiçosas e sem vontade de se cuidar. Afinal, se o cérebro está em condição de alerta, é preciso dar algum conforto a ele. Esse acalento pode vir de uma boa tarde de sono deitado no

É tudo uma questão de desequilíbrio

sofá, de ataques à geladeira, de bebidas alcóolicas em excesso, de compras desnecessárias ou de sexo sem sentimento. Não importa qual seja o mecanismo de fuga, quando se torna recorrente, o conflito interno está sedimentado.

A virada de Dona Rosimeire

O que enxergo dessa situação toda – e comprovo diariamente nas consultas com meus clientes – é que uma das principais queixas atuais está associada a um desânimo para começar qualquer coisa. Falta energia para arriscar os primeiros passos, associada à dificuldade de encontrar um caminho pelo qual seguir. Se essa é sua situação, você está junto de milhares de pessoas ansiosas para embarcar em um processo de transformação, mas que ainda não têm um plano para isso.

E o que é preciso para sair desse lugar?, você me pergunta. Calma, nos próximos capítulos, você vai entender que nem tudo tem a ver com você. Nossa sociedade é construída a partir de conceitos e padrões que, muitas vezes, nos levam a tomar decisões baseadas em pontos além do nosso entendimento. Repetimos comportamentos, reforçamos questões estruturais e deixamos de enxergar possibilidades porque não fomos instruídos para isso. Seguimos a manada apenas "porque sim".

A boa notícia é que temos o direito de questionar tudo isso se estivermos de fato interessados em compreender e mudar paradigmas. Grandes revoluções internas acontecem quando uma pessoa se propõe a usar o próprio desequilíbrio para aprender algo e a fazer do ponto de conflito um ponto de crescimento. E quando essa transformação acontece, serve inclusive para "contaminar" outras pessoas a seguirem uma nova direção.

Vale reforçar aqui que não há data certa para essa autorreconstrução acontecer. Não importa quanto tempo você tenha vivido no modo automático ou se sentido exausto de tudo. Você sempre poderá olhar para dentro de si e escolher assumir o comando da sua vida.

> Nossa sociedade é construída a partir de conceitos e padrões que, muitas vezes, nos levam a tomar decisões baseadas em pontos além do nosso entendimento. Repetimos comportamentos, reforçamos questões estruturais e deixamos de enxergar possibilidades porque não fomos instruídos para isso. Seguimos a manada apenas "porque sim".

É tudo uma questão de desequilíbrio

Falei para você, no começo deste livro, que sou filho da Rosemeire, certo? Durante boa parte de sua história, minha mãe integrou as estatísticas brasileiras de quem sofre os riscos da obesidade: ela era apenas mais uma no universo de 20,3% da população considerada obesa no país, isto é, com índice de massa corporal (IMC) acima de 30. Para mim, no entanto, era somente a minha mãe, uma mulher inteligente e muito amada que vivia dentro de um redemoinho de distorção da própria imagem sem conseguir saber quem ela era de verdade e, assim, acumulava cada vez mais problemas de saúde. Foram anos assistindo à entrega dela a algo tão intenso e aprisionador.

Claro, aquela condição emocional não surgiu do nada. Começou há mais de vinte anos, após o divórcio do meu pai. O primeiro sinal de alerta surgiu com as crises de ansiedade. Quando se sentia triste e ansiosa, ela buscava na comida uma maneira de aliviar o sofrimento. Desde então, e sem perceber, minha mãe foi se refugiando cada vez mais nessa ilusão da satisfação momentânea.

O excesso de comida de má qualidade e o sedentarismo, como vocês sabem, é uma bomba perigosa, e o ganho de peso foi inevitável. Minha mãe sofria com a situação, mas não sabia como lidar com isso. Crenças limitantes já haviam se instalado dentro dela e era difícil convencê-la do contrário. Apesar de desejar se movimentar para tentar emagrecer, ela acreditava, por exemplo, que não era capaz de frequentar uma academia. Tinha vergonha do que as pessoas diriam dela ou de como olhariam para seu corpo. Essa foi uma desculpa que ela passou a usar para continuar parada onde estava, sem tomar atitude alguma para fazer algo de bom por si mesma.

O trabalho era outra fuga da minha mãe. Na época, ela tinha uma loja de roupas *plus size* e lá era mais um lugar onde ela se escondia. Ao se cercar de pessoas com as quais se identificava, não conseguia quebrar a barreira da zona de conforto para mudar o que a incomodava. E os problemas de saúde foram se acumulando mais e mais. O ápice dessa bagunça emocional veio no corpo: o excesso de peso desgastou a estrutura do fêmur dela, provocando dores tão intensas no quadril que ela praticamente parou de andar. Foram dois anos presa à cama, levantando-se apenas para comer

Você pode estar definhando

e ir ao banheiro. Sair para qualquer lugar era uma tortura, pois ela quase rastejava.

Presenciar aquilo era como enfiar uma faca no meu peito; afinal, como eu, um profissional da Educação Física, mentor de pessoas, que ajudava tanta gente a encontrar novos caminhos, não conseguia tirar minha mãe daquele sofrimento? Eu precisava descobrir uma forma de fazê-la entender que ela poderia ter outra vida se tomasse essa decisão.

O primeiro problema a ser resolvido era quebrar a resistência dela de se submeter a uma cirurgia para colocar uma prótese no quadril. Segundo os médicos, essa seria a única maneira de devolver a ela o mínimo de qualidade de vida, para que pudesse voltar a se movimentar sem dor. Minha mãe, porém, não aceitava a situação; dizia que era velha demais para recomeçar. "Diogo, essa vida não dá mais para mim. Quem sabe na próxima? Na próxima, talvez eu me cuide, viaje, aproveite de verdade. Nessa, não posso mais, meu filho", declarava ela.

Decidi vencer esse comportamento e, aos poucos, comecei a trabalhar com ela os sentimentos que a impediam de encarar aquele medo, buscando mudar o mindset de autodestruição cultivado havia tantos anos. Eu argumentava: "Mãe, você tem 60 anos, mas pode viver mais vinte, trinta, quarenta. Você ainda pode fazer o que nunca conseguiu se vencer a resistência de passar por uma cirurgia que vai lhe devolver parte da sua saúde".

Acho que o fato de olhar para mim e perceber que eu já havia passado por uma transformação verdadeira ajudou minha mãe a entender que era possível começar de novo. Ela também passou a se inspirar nas pessoas mais velhas que haviam feito mentoria comigo e tinham conseguido quebrar antigos padrões limitadores. Enfim, dona Rosimeire se convenceu: a mudança também poderia vir para ela.

No início da pandemia, conseguimos persuadi-la a vender a loja. Sua única obrigação seria focar na própria saúde e se cuidar. Em agosto de 2021, aos 61 anos, minha mãe fez a cirurgia. Ela conta que, antes de entrar no centro cirúrgico, sentia o corpo anestesiado e sem dores. Para ela, era como um sinal de que tudo daria certo.

É tudo uma questão de desequilíbrio

E deu. O procedimento foi um sucesso e ela logo recuperou os movimentos e a autonomia perdida. Hoje, ela consegue andar sem muletas ou andador, voltou a dirigir e a ter uma vida de verdade.

Ela ainda está acima do peso, mas isso não a define mais. Atualmente a energia da minha mãe está voltada para se cuidar para se manter saudável e ativa, e não para corresponder a um padrão estético. Ela passou a se alimentar melhor, está se movimentando mais e, pouco a pouco, perdendo peso. A comida deixou de ser um prazer momentâneo porque ela entendeu que o bem-estar deve ser cultivado durante toda a vida, e não em um ataque compulsivo à geladeira em um momento de ansiedade.

Contei essa história para mostrar que, em situações de abismo completo, não há como sair delas sem lidar com os gatilhos emocionais que nos colocam em estado de sofrimento. Minha mãe, por exemplo, se escondia de si e do mundo porque se sentia inferior a todas as pessoas. Somente quando entendeu o poder desse pensamento e decidiu combatê-lo – com as possibilidades que tinha –, teve coragem de dar os primeiros passos para virar a chave e acessar uma nova consciência.

A transformação vivida pela minha mãe foi tão profunda que hoje ela se sente mental e espiritualmente forte para compartilhar essa história, e deseja se aproximar de outras mulheres da idade dela para discutir questões como ansiedade, obesidade e distúrbios de imagem. Dona Rosimeire aprendeu a importância de receber apoio e acolhimento e mudou seu mindset e discurso: sim, essa vida é para ela. Ainda há muito a ser usufruído, experimentado e aprendido. E isso também vale para você. Pare de definhar. Dê o primeiro passo.

Não importa quanto tempo você tenha vivido no modo automático ou se sentido exausto de tudo. Você sempre poderá olhar para dentro de si e escolher assumir o comando da sua vida.

CAPÍT

ULO 3

VOCÊ TEM SIDO VOCÊ?

Imagino que, ao chegar até aqui, um filme tenha passado por sua cabeça. O protagonista da história, claro, é você. Certamente algumas situações o fizeram lembrar de sentimentos passados ou até atuais. Talvez tenha reconstruído na mente passagens da sua vida, pessoas com quem se relacionou e cenários pelos quais percorreu. Pensou nos sonhos não realizados, nos desejos da juventude que a vida adulta deixou para trás, na facilidade que tinha de fazer amigos – algo que, com o tempo, tornou-se uma dificuldade.

Neste instante, você se pergunta: *O que deixei passar para que me sentisse tão desconectado de quem sou, definhando em uma existência que desconheço? Por que não fiz escolhas diferentes ou tomei outras direções quando havia várias possibilidades disponíveis? Como não enxerguei o caminho que estava tomando?*

Esse é um ponto muito importante para quem deseja, de fato, dar um novo sentido à própria vida. Afinal, o entendimento do que nos trouxe a determinadas situações contém as respostas para sairmos delas. Sei o quanto é doloroso assumir falhas do passado e admitir que elas são a razão pelos frutos que colhemos no presente. O futuro, porém, está em aberto e é para ele que devemos mirar.

Antes de seguir adiante, porém, volte dois parágrafos e reflita sobre cada questão que coloquei para você. Para algumas perguntas, a resposta provavelmente já está clara em sua mente, pois se tratam de experiências profundas e marcantes em sua vida.

É tudo uma questão de desequilíbrio

Por exemplo, o fim de um relacionamento, e as razões exatas para isso ter acontecido, das quais você tem plena noção. Para outras, porém, não haverá respostas precisas.

Mas não se preocupe com isso. O mais importante nessa pausa é justamente fazer você compreender que nem tudo tem uma explicação interior – e guarde bem esta informação: nem tudo é responsabilidade sua. Existem inúmeras causas que fazem você se desviar da sua essência e se habituar a uma vida que não é sua – ou melhor, a uma versão desconfigurada daquilo que você tem potencial para ser.

Para entender a formação de um indivíduo em particular, costumo pensar sob a ótica da "engenharia reversa", uma técnica que consiste basicamente em desmontar algo (um dispositivo eletrônico, objeto ou sistema) para analisar a estrutura e, assim, compreender seu funcionamento. Em resumo, é como desmontar uma máquina para descobrir como ela trabalha. Quando estivermos falando da Performance Holística na prática, vou explicar melhor como aplicar esse conceito no desenvolvimento pessoal para entender onde estão seus gaps e pontos de melhoria.

Voltando à causa dessa bagunça interior que você sente, é preciso olhar não somente para sua trajetória pessoal, mas também para o contexto no qual você (e todos nós!) está inserido. Vivemos em sociedade, então somos regidos o tempo inteiro por códigos e leis de que às vezes sequer temos conhecimento. Nossa vida privada, as pessoas ao nosso redor, o nosso corpo, o trabalho ao qual dedicamos energia: tudo isso está, em menor ou maior medida, sob um movimento coletivo que direciona pensamentos e decisões. Sem nos darmos conta, reproduzimos comportamentos e padrões, ainda que isso seja uma maneira cruel de minar a própria personalidade.

E por que fazemos isso? Minha teoria é que, desde o nascimento até a vida adulta, somos envolvidos pelo que denomino Síndrome da Distorção Coletiva, uma espécie de fenômeno social que nos afasta de quem somos. Por causa da ânsia de se sentir parte de algo maior e ocupar um lugar mais especial (ou menos doloroso) no mundo, buscamos identificação ao nosso redor.

Você tem sido você?

Queremos ser aceitos, incluídos, desejados. E, para isso, absorvemos características e comportamentos reconhecidos pela maioria. Assim, sem perceber, nos esforçamos para sermos iguais a todo mundo e passamos a existência inteira renunciando à dádiva divina que é ser um indivíduo único.

Cabe dizer que esse conceito não está nos livros de Psicologia, Psicanálise ou Neurociência – apesar de estar intrinsecamente atravessado por essas áreas da ciência. Ele baseia-se em uma observação empírica das pessoas e de anos de estudos que fiz em diferentes áreas do desenvolvimento humano na busca de entender por que tanta gente se desconecta da própria essência, tornando-se incapaz de se enxergar e evoluir, enquanto caminha no sentido contrário de uma existência mais autêntica e integrada.

Síndrome da distorção coletiva

Mas, afinal, o que é a **Síndrome da Distorção Coletiva**? Trata-se de uma condição que, independentemente do tamanho do impacto, acomete os indivíduos enquanto seres sociais. É dividida em **três atos convergentes**, e cada um deles acontece, mais ou menos, em determinada faixa etária, sendo a primeira delas do nascimento até os 7 anos.

Quando nascemos, somos seres "zerados" de conhecimentos, hábitos, manias ou julgamentos. Não temos nada a não ser a capacidade de aprendizado e de evolução no tempo. E, apesar de não nos perguntarmos "quem sou eu?" – crianças têm outras prioridades muito mais divertidas do que filosofar sobre a própria existência –, agimos como quem ainda não sabe de fato quem é. Nessa fase, o inconsciente não é moldado por conceitos ou regras; acumulamos as primeiras experiências de maneira mais natural e intuitiva, sem a pressão de ser ou parecer alguma coisa. Os únicos objetivos na infância é buscar o prazer, evitar a dor e sobreviver sem grandes dramas, já que tudo é dado de bandeja pelos adultos (cada vez mais protetores).

É nesses primeiros sete anos de vida que nossos drives mentais são instalados. De início, o convívio é quase inteiramente

É tudo uma questão de desequilíbrio

familiar. Depois vem o período escolar e os modelos formais de aprendizado e, assim, aumentam os relacionamentos com pessoas de núcleos diferentes.

Chegamos, então, ao **segundo ato convergente**, que vai dos 7 aos 14 anos. No início dessa etapa, somos apresentados a uma diversidade ampliada de referências, comportamentos e perfis. Aquele mundo, antes restrito ao que se passava dentro de casa, ganha proporções infinitas. Começamos a ser parte da grandeza do universo e de todas as suas possibilidades. A adolescência e as suas dores típicas chegam com toda a força. O desejo mais genuíno passa a ser o de se sentir pertencente a um grupo; como se, somente dentro de um bando, fosse possível suportar a dor do crescimento.

Nessa fase, também ainda não sabemos direito quem somos, mas achamos que sempre temos razão. Somos como "protótipos" de adultos tentando nos encaixar. É nesse ponto que iniciamos as distorções e o afastamento entre "quem pareço ser" e "quem eu sou de verdade".

Antes de dar continuidade ao que se desenvolve interiormente em cada um de nós nesse período, vou abrir aqui um parêntese com uma curiosidade: você sabia que o conceito de "adolescente", como conhecemos hoje, é relativamente recente? A ideia de uma faixa etária entre a infância e a vida adulta surgiu no século XIX,[11] em meio às transformações econômicas pelas quais o mundo passava.

Na época, a burguesia ocupava lugar de destaque na sociedade, e as condições de ascender socialmente por meio dos estudos foi um fator predominante para que os jovens prolongassem o tempo em que ficavam na dependência da família enquanto se preparavam para o mercado de trabalho. Além disso, o mundo se tornava mais liberal e individualista, e por isso os jovens passaram a ter mais necessidade de buscar os próprios caminhos, em vez de apenas seguir a profissão dos pais.

---

11 CONCEITO de adolescência foi criado a partir de transformações sociais. **Globo Universidade**, 28 dez. 2013. Disponível em: http://glo.bo/KaZbka. Acesso em: 21 fev. 2022.

> Existem inúmeras causas que fazem você se desviar da sua essência e se habituar a uma vida que não é sua – ou melhor, a uma versão desconfigurada daquilo que você tem potencial para ser.

É tudo uma questão de desequilíbrio

A adolescência[12] costuma ser considerada uma das etapas mais conturbadas do desenvolvimento humano. Há um turbilhão de emoções, hormônios e (in)experiências se revirando nas entranhas desse ser em formação que busca um lugar no qual seja possível se conectar em paz.

Você se recorda da sua primeira infância e adolescência? Quais foram as pessoas com quem se relacionou? Como eram os padrões comportamentais delas? De que modo você foi tratado e educado? Quais foram os episódios que, sem perceber, podem ter levado você a se aprisionar em padrões e pensamentos que não são seus?

Ainda que não saiba, dessa época podem ter surgido os problemas que, tempos depois, minaram sua autoestima, por exemplo. A necessidade de ser aprovado e de se identificar com um grupo, as referências adquiridas na convivência com diferentes pessoas, o desejo de ser reconhecido como alguém especial são pontos cruciais na formação de um indivíduo. Quando ocorre nessa fase algum desequilíbrio que não é tratado da maneira correta, a conta provavelmente se acumula até a vida adulta – que já carrega as próprias questões, como a escolha por uma carreira, o casamento e os filhos, as responsabilidades e as limitações.

É importante esclarecer que conhecer esses pontos de desequilíbrio adquiridos sobretudo na infância e adolescência não tem a finalidade de trazer julgamentos sobre as pessoas envolvidas em nossa história. A importância de mergulhar fundo nessas questões é jogar luz sobre a consciência e destravar os bloqueios que impedem o crescimento individual.

Um ponto importante é entender que os padrões de comportamento são culturais e passados de geração em geração – decerto há mais tempo do que podemos imaginar. Você já deve ter ouvido falar coisas do tipo: "Aquela pessoa tem um temperamento mais

---

12 A Organização Mundial de Saúde (OMS) considera adolescência o período de vida entre 10 e 19 anos. Já no Brasil, o Estatuto da Criança e do Adolescente (ECA) considera a faixa etária de 12 a 18 anos.

Você tem sido você?

sanguíneo; deve ter descendência alemã" ou "Fulano tem mania de aumentar o volume da voz. Certamente é de família italiana". Essas falas reforçam o imaginário coletivo do que se acredita ser o padrão de determinadas nações, que provavelmente surgiu por meio da observação ao longo do tempo.

No meu caso, por exemplo, não posso julgar o meu pai por ser alguém com dificuldade de expor sentimentos quando sei que ele foi tratado pelo meu avô de maneira fria em uma realidade social de muita escassez. Tampouco posso apontar o dedo para o meu avô, uma vez que ele foi criado com pouco afeto, muitas palmadas e precisando caçar comida. Já o meu bisavô... Bom, acho que você já entendeu.

Empreendedor de mim

O **terceiro ato convergente** da Síndrome da Distorção Coletiva vai dos 14 até cerca dos 21 anos. Essa é a fase em que o indivíduo se reafirma como um ser pensante, crítico e social. Ele está começando a entrar na vida adulta e a imaginar a vida que deseja. E faz isso se comparando às pessoas ao redor, projetando o futuro e, mais do que nunca, buscando reunir todos os recursos que considera fundamentais para ser alguém de sucesso.

Muita gente passa por esse período sem se questionar ou sem tentar entender as próprias vontades e os próprios sonhos. Apenas segue a manada, distorcendo ainda mais seu eu verdadeiro do eu inventado, a fim de ocupar um lugar no mundo. E se livrar disso, acredite, dá muito trabalho, pois significa derrubar crenças que, muitas vezes, estão na família há muitas gerações.

Quando olho para a minha história, lembro que, já adulto, ao identificar algumas barreiras de crescimento na minha vida pessoal e profissional, percebi que estava reproduzindo comportamentos da minha criação.

Minha mãe sempre foi uma pessoa dócil e amorosa, do tipo que tira de si para dar ao outro. Mesmo depois que saí de casa para correr atrás do meu futuro, era com ela que eu contava. Aos poucos,

É tudo uma questão de desequilíbrio

pude perceber que, assim como dona Rosimeire, eu me tornei o tipo de gente que sempre quer ajudar o próximo. O problema é que eu colocava muita expectativa nas situações e, em vez de me sentir feliz, acumulava frustrações quando as pessoas não reagiam como eu esperava.

Do meu pai, herdei o espírito empreendedor. Ele sempre foi um grande negociador e, desde cedo, recusou-se a viver como trabalhador assalariado. Ainda muito novo, vendia calçados pelas ruas e comércios da cidade de Amparo, onde morávamos, e em pouco tempo montou a sua loja – que está ativa até hoje e é considerada uma das mais tradicionais da região.

Eu frequentava a loja do meu pai desde muito pequeno, para ajudar a guardar os calçados que os clientes provavam antes da compra. Meu pai ficava ao lado, me ensinando a maneira correta de trabalhar e atender o público. Não demorou para que eu passasse a reproduzir aqueles padrões comportamentais: aos 10 anos, já vendia pulseiras de missanga na escola para ganhar um dinheirinho.

Seu Tarcísio sempre foi um cara cauteloso e pé no chão quando o assunto era dinheiro. Veio de uma família pobre e com poucos recursos, então sei que ele tem medo de perder o que conquistou com tanto esforço. Esse pensamento, claro, é natural e compreensível, porém tem o lado negativo de, em muitas situações, deixá-lo paralisado. Ele já perdeu algumas boas oportunidades de crescimento porque teve receio de dar passos maiores e romper essa barreira de segurança.

Outra consequência desse tipo de perfil é que uma espécie de síndrome de escassez geralmente se instala, e a pessoa não se sente merecedora de ter nada além daquilo que é necessário para viver.

Por algum tempo, eu também reproduzi esses padrões. Achava que deveria me contentar com o que tinha, sem arriscar nada além da minha confortável zona de segurança. Foi somente depois de mergulhar fundo na decisão de acessar minhas vulnerabilidades e meus desequilíbrios que rompi com esses estigmas.

No mundo em que vivemos, regido por status, competições e urgências, é extremamente fácil se deixar levar pela Síndrome da Distorção Coletiva e começar a fazer parte do grupo de pessoas

Você tem sido você?

perdidas e desconectadas de sua essência. Perdemos tempo demais tentando alcançar degraus que não desejamos apenas porque nos disseram que é para ser assim.

Comecei a empreender muito cedo e sempre quis ser um grande empresário porque acreditava que precisava conquistar grandes coisas. Teve um período, porém, em que tudo o que eu fazia tinha o propósito claro de mostrar ao meu pai que eu tinha condições de ser como ele. E isso foi me machucando dia a dia, pois meu pai nunca foi uma pessoa de muitos elogios ou de palavras de encorajamento.

Quanto mais silêncio ele fazia sobre meu desempenho, mais eu me esforçava. Na prática, pode até parecer que isso era algo bom para acelerar meu crescimento profissional, mas, dentro de mim, a falta de aprovação dele era como uma navalha.

Minha chave só virou quando parei de focar no reconhecimento externo e passei a direcionar minha energia para realizar um bom trabalho, que mostrasse minha capacidade de articulação e negociação. O fim devia estar em mim e ser para mim.

Elimine o excesso

Há quanto tempo você não para alguns instantes e reflete sobre quem você realmente é? Para que (ou quem) tem vivido? Por que faz o que faz? Por que está tão ansioso? Qual é o seu propósito?

Nos capítulos a seguir, essas perguntas nortearão você em um processo de reencontro consigo. Sua missão será se entregar verdadeiramente a uma tomada de consciência sobre suas escolhas e reverter a distorção com que tem convivido nos últimos anos. Ou, em outras palavras, sair do "Complexo de Davi" e libertar o ser aprisionado dentro da rocha.

Dizem que, nos idos do século XVI, perguntaram ao jovem artista italiano Michelangelo como ele havia conseguido, com apenas 26 anos, esculpir a majestosa estátua de Davi. A obra atraía a atenção de todos que passavam pela praça em frente ao Palazzo della Signoria, sede da governadoria de Florença, na Itália, pela sua

É tudo uma questão de desequilíbrio

grandiosidade: uma escultura de mais de 5 toneladas de mármore carrara e 5 metros de altura representando o icônico herói bíblico que lutou contra o gigante Golias.

Antes dele, outros artistas já haviam sido cogitados para esculpir a pedra, que estava abandonada havia mais de quatro décadas nos fundos do Duomo de Florença – incluindo nomes conceituados como Donatello e Leonardo da Vinci. No entanto, foi o jovem Michelangelo que aceitou o desafio, que foi concluído com maestria três anos depois.

Diante da pergunta, sem titubear, Michelangelo teria respondido: "Foi fácil. Fiquei um bom tempo olhando o mármore até nele enxergar Davi. Aí peguei o martelo e o cinzel e tirei tudo o que não era Davi".

Dito assim, parece simples. E talvez seja. Porque basta ter os olhos abertos para perceber o que muita gente não vê e só então trabalhar duro para revelar ao mundo a essência do que está encoberto. Para isso, no entanto, é preciso investir tempo em se conhecer e ter coragem de acessar o lugar mais profundo de si.

Fica aqui, então, o meu chamado: escolha tirar de cima de você tudo o que não seja você. Lapide as pedras e os excessos e torne visível ao mundo a pessoa que você nasceu para ser. Se estiver preparado para repensar seus modelos mentais, derrubar crenças e ter persistência para ir até o fim dessa autolapidação, você se libertará de tudo o que o aprisiona. Esse movimento vai requerer doses cavalares de autocompaixão, perseverança, disciplina, foco, resiliência e muita, muita fé. A recompensa, eu prometo, valerá a pena.

Escolha tirar de cima de você tudo o que não seja você. Lapide as pedras e os excessos e torne visível ao mundo a pessoa que você nasceu para ser.

CAPÍT

ULO 4

QUE DAVI ESTÁ
APRISIONADO AÍ DENTRO?

Desde a primeira vez que li a história de Michelangelo, algumas vozes ecoaram dentro de mim. De onde tinha vindo a força e a confiança daquele jovem que assumiu encarar uma pedreira anteriormente recusada por tantos artistas mais experientes? Quais haviam sido os diferenciais para fazer dele o criador de uma obra magistral e reconhecida em todo o mundo como uma das maiores de seu tempo? Quais ferramentas emocionais ele acionou para criar uma imagem que, quinhentos anos depois, ainda seria a mais famosa do mundo?

Muito provavelmente, imagino eu, Michelangelo teve medo de não dar conta do recado. Deve ter questionado se teria sucesso quando tanta gente tinha considerado a missão um passaporte para o fracasso. Afinal, ele era um jovem de pouco mais de 25 anos, ainda em início de carreira, enfrentando um gigantesco bloco de mármore carrara, encarado como material difícil de manusear por ser frágil demais e conter orifícios que interferem na estética do trabalho.

Não demorei a entender que meu impacto e admiração vinha do fato de as atitudes de Michelangelo dialogarem diretamente com os princípios que eu compartilhava e que são a base da Performance Holística. Ele era um exemplo real de alguém capaz de transformar um ponto de desequilíbrio em uma oportunidade de crescimento acima da média. Michelangelo me mostrou como,

É tudo uma questão de desequilíbrio

tantos séculos atrás, essa já era uma maneira poderosa de chegar a resultados, um caminho que poucos sequer tentavam porque desistiam no início da jornada.

A principal ousadia de Michelangelo foi algo extremamente simples. Ele usou o tempo a seu favor. Conseguir dominar o momento presente para projetar o futuro – ainda que oculto sob as pedras – é uma maneira poderosa de aprender algo e experimentar instantes de plenitude. O artista sabia disso. E o que ele fez? Em vez de ser imediatista, levou o tempo que considerou necessário (cerca de dezoito meses) para contemplar o mármore e suas imperfeições, e estudar cada detalhe do que faria. Esperou até se sentir preparado, mas sem descansar a mente quanto ao objetivo final. Só então fez esboços e planejou, uma a uma, as descidas do cinzel.

Esta é uma lição para as pessoas que desejam embarcar em um reencontro de si: não tenha medo de investir tempo para se aprofundar no próprio eu. Entender os porquês de tudo o que está acontecendo hoje e ter ciência de que o processo de transformação também seguirá seu curso, leve o tempo que for necessário para isso.

A segunda sábia decisão de Michelangelo foi manter seu foco em sigilo. O artista esculpia em um pátio aberto, então desenvolveu uma técnica utilizando um modelo de cera para manter seu trabalho em segredo até concluí-lo por completo. Há aqueles que dizem que sua intenção foi se blindar de interferências externas e permanecer concentrado no projeto que tinha em mente.

Compartilho com ele da importância de preservar a intimidade quando estamos diante de um processo de transformação individual. Para conseguirmos refletir sobre nossas necessidades e atuar nos pontos de melhoria, o silêncio exterior é fundamental. Precisamos calar as vozes de fora e apertar o *mode on* dos espaços secretos que ninguém consegue acessar para empunhar o martelinho com firmeza e lapidar parte por parte, até chegar à nossa essência.

Michelangelo sabia que estava diante de algo grandioso e precisaria ter, sobretudo, foco e persistência. Seu maior desafio seria fazer surgir, debaixo das camadas frias e rígidas de concreto,

Que Davi está aprisionado aí dentro?

uma figura humana tão perfeita que "só faltasse falar". A missão, sabemos bem, foi concluída não somente com primor técnico, mas também com um toque de genialidade que somente os grandes criativos conseguem trazer ao mundo.

Diferentemente das populares imagens de um Davi vencedor após o confronto com Golias, como era comum naquele tempo, o herói de Michelangelo retrata instantes antes do embate. Seu rosto é enigmático e reflexivo. Sozinho, ele estuda com atenção os movimentos do gigante filisteu, que não aparece na cena. Está compenetrado e demonstra certa coragem. Apesar da tensão diante do adversário, ele acredita na vitória.

Esse Davi heroico, ousado e criativo, antes de aparecer para o mundo, existiu no olhar de Michelangelo. As ferramentas que ele tinha à disposição – e não estou falando do material de trabalho apropriado para a escultura – todos nós também temos. Só precisamos acioná-las e desejar verdadeiramente desenterrar o herói adormecido dentro da pedra. É lá que se esconde o que temos de mais legítimo; aquilo que nos permite experimentar uma existência harmônica e coerente com nossos valores, princípios e sonhos. E a Performance Holística pode ser o caminho para essa descoberta.

Então a vida é só isso?

Anteriormente eu disse que a engenharia reversa é uma técnica interessante para entender o funcionamento dos processos de formação individual, pois remexe em tudo o que acontece conosco, inclusive naqueles sentimentos mais profundos que às vezes teimamos em silenciar. Lembro-me muito bem de certa época da minha vida em que eu parecia ter tudo e ao mesmo me sentia como se não tivesse nada. Acordava todos os dias desanimado e sem entender a origem daquele vazio matinal diário.

Ao me conectar com a engenharia reversa, mergulhei de cabeça em meu passado e em meus dias bons e ruins. Fui buscar a origem de cada memória dolorida, cada medo enterrado, porém ainda existente. Levou tempo, mas diagnostiquei as faltas gritantes

É tudo uma questão de desequilíbrio

em mim, e entendi que deveria desenvolver mais meu lado espiritual e ressignificar alguns traumas que me impediam de fortalecer a mentalidade. Eu não queria ser vítima da minha própria história e tampouco ficar paralisado em um contexto que não me satisfazia mais. Não vou dizer que é fácil conviver com tantas descobertas, mas posso afirmar que é libertador voltar a conhecer a verdadeira pessoa que você é.

Pode ser que você nunca tenha parado em algum momento da vida para realmente buscar o entendimento de tudo o que já vivenciou. É assustador se confrontar com os próprios fantasmas. No entanto, quando essa hora chega – e espero que esse seja o seu caso –, fugir não é a melhor opção. Você vai precisar cortar na carne para romper as muitas barreiras que travam seu crescimento individual.

Tenho certeza de que, ao ter coragem de se desbravar, você descobrirá o quão única e autêntica é sua passagem pela vida. E a partir do momento em que você se entregar para o autoconhecimento e decidir utilizar tudo o que viveu como mola propulsora em prol da sua evolução pessoal, um leão sairá de dentro da jaula – ou um Davi de dentro da pedra, pronto para um embate com o gigante Golias.

Não existe uma receita de bolo universal para conseguir isso, você sabe bem, porém há um conjunto de técnicas e exercícios mentais que a Performance Holística pode trazer para ajudá-lo nesse processo. O caminho para isso é compreender em que medida seus desequilíbrios foram necessários para tornar você uma pessoa forte, utilizando sua bagagem de vida para conquistar novos resultados. Os desafios serão mais proveitosos e sua coragem vai aflorar como nunca.

Foi em meio às situações desafiadoras que enfrentei ou presenciei de pessoas ao meu redor que percebi como os ambientes de crise, sejam de ordem existencial ou econômica, carregam em si uma janela aberta para a compreensão da vida como uma grande oportunidade de crescimento.

Nos meus momentos de maior desespero ou apatia, eu dizia a mim mesmo: "Então a vida é só isso?" ou "Dá para bater menos

Que Davi está aprisionado aí dentro?

forte comigo?" – sim, eu dialogava com a vida nesses termos. Havia algo desencaixado em mim com o que eu não sabia lidar. Quando comecei a investigar o Diogo do passado, quem ele era, suas angústias e seus sonhos, descobri quais eram os gatilhos emocionais que me faziam sair do eixo e me enfraqueciam.

Reconhecer isso me possibilitou investigar a fundo esses gatilhos e desenvolver mecanismos de defesa para lidar com as situações que me provocavam constrangimento e instabilidade emocional. Em paralelo, comecei a identificar um evento recorrente: todas as vezes que consegui atingir um pico de performance foram antecedidas por situações de crise que precisaram ser rompidas.

Quando percebi que, além de mim, outras pessoas passavam por esse mesmo processo, decidi estudar o comportamento da mente humana diante desses embates individuais e mapeei uma espécie de padrão de repetição, que pode ser modificado com consciência e conhecimento. O principal fundamento da Performance Holística é utilizar um contexto de crise como combustível para uma nova dinâmica do eu.

A palavra "performance" vem do verbo *to perform*, que significa realizar, completar, executar ou efetivar. Já o termo holístico foi criado a partir de *holos*, que em grego significa todo ou inteiro. A Performance Holística é, portanto, o melhor desempenho de corpo, mente e espírito integrados, partindo de situações de desequilíbrio. Você pode estar se perguntando: *Mas por que o ponto de partida é no desequilíbrio?*

A resposta está na energia do movimento. Para conseguir o alinhamento do corpo, da mente e do espírito é preciso olhar para o que está revirado, mexido, fora do lugar. Deixar emergir toda a bagunça para, somente depois, começar a preparar um plano de ação para reencaixar as peças em seus devidos lugares. Imagine que você tem uma grande bagagem de vivências positivas e negativas, e cada uma delas lhe ensinou algo. Muitas deixaram saudades, porém são as que deixaram cicatrizes que precisam ser revisitadas.

A ideia da Performance Holística é fazer uma engenharia reversa daquilo que *definimos* como negativo na mente e criar um significado para esses determinados acontecimentos, de modo

É tudo uma questão de desequilíbrio

que sejam utilizados para criar um resultado diferente. De maneira simplificada, é pensar: já que não dá para desenhar um novo passado, vamos utilizá-lo para viver um novo presente.

A performance holística na vida real

Sou uma pessoa que gosta muito de cuidar da família. Antes de ajudar a transformar a vida dos meus clientes nas mentorias, sinto-me responsável a estar disponível para as pessoas que estão do meu lado, aquelas com quem divido não apenas um laço sanguíneo, mas também uma conexão profunda de afeto e intimidade.

Vou contar um pouco do que aconteceu com a vida do meu irmão Thiago, que passou pela experiência de abraçar a Performance Holística como oportunidade de transformação pessoal após alguns acontecimentos que mexeram com seu eixo emocional. Thiago sempre foi um empreendedor nato. Aos 18 anos, com um amigo com quem serviu o exército na mesma época, resolveu abrir um lava-rápido. Com a ajuda do nosso pai, eles conseguiram alugar o local e começar os trabalhos. A empreitada logo mostrou que daria certo. E, de fato, deu.

Poucos anos depois, ele achou que era hora de ampliar os negócios e alçar voos mais altos. Ele gostava muito de carros desde pequeno, por isso decidiu abrir um centro automotivo. Porém, ele não tinha muita expertise na parte de mecânica propriamente dita, então convidou um amigo de infância que já tinha experiência no segmento. Sua vida passou a ser administrar os dois negócios ao mesmo tempo, ambos gerando bons resultados.

Thiago, no entanto, estava insatisfeito. Queria crescer mais e mais rápido. Inquieto, decidiu mudar de área e investir em um novo ramo: abriu uma madeireira em sociedade com uma pessoa indicada por conhecidos por ter ampla bagagem no negócio. Seu papel seria entrar com a grana, enquanto o sócio traria seus conhecimentos do mercado de madeira. A parceria, no entanto, deu errado logo no início. A empresa vendia bem, mas o dinheiro não chegava até o caixa. As contas não batiam. A luz vermelha de alerta acendeu.

O caminho para isso é compreender em que medida seus desequilíbrios foram necessários para tornar você uma pessoa forte, utilizando sua bagagem de vida para conquistar novos resultados.

É tudo uma questão de desequilíbrio

A bomba logo estourou: o tal sócio, na verdade, era um estelionatário que, inclusive, já havia sido preso anos antes pelo mesmo crime. Meu irmão estava bastante confiante com o sucesso da madeireira, mas o prejuízo financeiro foi gigantesco e, ao descobrir que havia caído em um golpe, ficou muito abalado emocionalmente. Em pânico, Thiago passou a buscar várias maneiras de recuperar o dinheiro perdido. Saiu atirando para todos os lados, sem sucesso. Nem parecia o empreendedor seguro e experiente que sempre foi.

Nossa família – que até então acreditava na prosperidade do empreendimento – foi pega de surpresa com as inúmeras cobranças chegando. Fornecedores que haviam levado calote do sócio e agiotas pressionaram de todos os lados. Da noite para o dia, o caos se instalou em nossa vida.

Em meio ao turbilhão, porém, consegui me manter racional para ajudar a encontrar uma solução para o problema. Costumo dizer que, na hora da tempestade, muitas pessoas que sabem nadar acabam morrendo afogadas porque não conseguem manter a calma. Peguei Thiago pelo braço e iniciamos um processo de engenharia reversa para identificar a origem de tudo.

Descobrimos que o ponto-chave foi o excesso de autoconfiança: ele estava tão acostumado a dar certo em tudo que sequer cogitou a possibilidade de ser enganado de modo até simplório. Foi preciso aprofundar essa questão para ele entender como dosar sua habilidade natural e não transformar algo positivo em uma armadilha. Foram meses lidando com as questões de culpa *versus* fracasso para que ele não fizesse daquela experiência um eterno foco de autossabotagem.

O resultado do processo veio com o tempo. Em meados de 2018, Thiago se dedicou a estudar o mercado digital e usou sua experiência em vendas para abrir um grande marketplace. O empreendimento cresceu de maneira exponencial e se tornou um sucesso. Assim que conseguiu se reestabelecer financeiramente, ele honrou seu nome e pagou, uma a uma, todas as dívidas contraídas pelo golpe do estelionatário.

À medida que começou a se sentir mais fortalecido para lidar com a situação de crise, Thiago aceitou colocar em prática outro

Que Davi está aprisionado aí dentro?

pilar da Performance Holística: o cuidado com seu corpo físico. Afinal, de nada adiantava solucionar as questões financeiras se a saúde dava sinais evidentes de que precisava de ajuda. Na época, as muitas noites maldormidas por conta das preocupações, as compulsões alimentares e o sedentarismo se tornaram um combo explosivo. Thiago engordou mais de 20 quilos e viu suas taxas pipocarem. Faltava energia, sobrava cansaço.

O primeiro passo foi fazer Thiago entender que o corpo dele não merecia ser a esponja responsável por absorver todas as angústias e os medos. O corpo é a casa em que nosso espírito habita. Se não houver saúde, quem vai nos sustentar? Pouco a pouco, conseguimos estabelecer algumas mudanças de hábito para que ele vencesse a compulsão alimentar. Depois vieram os exercícios físicos. O investimento em si rendeu a ele não somente muitos quilos a menos na balança como também mais disposição para acordar todos os dias. Como eu disse anteriormente, não se trata apenas de emagrecimento, mas de sentir o bem-estar que nascemos para sentir.

Foram mais de três anos nesse processo de autocuidado. Hoje Thiago vive o ápice do seu pico de performance e, inclusive, passou a expor publicamente sua experiência para ajudar outras pessoas que vivem o drama de quebrar financeira e emocionalmente. Suas conquistas foram fruto da coragem de aceitar ajuda e enfrentar um processo profundo e doloroso de autoconhecimento.

Partilho essa história aqui porque acredito que, assim como ele se sentiu um dia, você também esteja duvidando de suas habilidades; talvez tenha passado por um fracasso que desestruturou sua vida e a de sua família, mas deseja apertar um botão interno para sair desse lugar. Acredite: ele existe. Você só precisa estar disposto a encarar os próprios gatilhos mentais e ser resiliente para se manter firme até estar verdadeiramente livre de tudo o que o aprisiona.

Se, no entanto, esse não é seu caso, pois sua vida aparentemente não está sendo bagunçada por nenhum vendaval, mas você se sente igualmente cansado e sem energia, a Performance Holística também é para você. Não precisa esperar que a vida mande

> Já que não dá para desenhar um novo passado, vamos utilizá-lo para viver um novo presente.

Que Davi está aprisionado aí dentro?

um tsunami para provocar você a agir. Em algumas situações, será necessário você mesmo se desequilibrar para reencontrar o caminho do crescimento e da prosperidade. Parece estranho? Sim, um pouco, mas você já vai entender.

Desequilíbrio natural *versus* desequilíbrio intencional

Não podemos controlar quando as crises vão se apresentar em nossa vida. Conflitos, dramas, perdas, descontrole financeiro: tudo pode acontecer a qualquer momento com qualquer pessoa. Você pode ser pego de surpresa por uma demissão, um problema de saúde, a morte de alguém querido ou uma batida na traseira de seu carro. Quando essas situações acontecem naturalmente e geram desequilíbrio interno, precisamos procurar um jeito de contornar a questão. E dessa busca podem surgir, se estivermos vigilantes, excelentes oportunidades de crescimento.

Há ocasiões, entretanto, em que não dá para esperar que algo acima de nossa vontade ocorra para optarmos por seguir caminhos mais promissores na vida. Um exemplo prático disso pode ser um divórcio. Quando eu tinha entre 9 e 10 anos, meus pais comunicaram a mim e a meu irmão que iriam se separar. A notícia caiu como uma bomba no meu colo e me desestabilizou emocionalmente. Não havia nada que eu pudesse fazer para mudar aquela situação tão inesperada e dolorosa. Era somente um dos muitos desequilíbrios que ainda teríamos de enfrentar.

Por outro lado, para meus pais, a decisão foi fruto de um entendimento deles de que o relacionamento não dava mais certo. Intencionalmente, eles escolheram viver as dores de uma separação porque sabiam que, se juntos não eram mais felizes, mereciam a oportunidade de buscar a felicidade em outro lugar. Não é fácil fazer essa escolha de maneira consciente e bem resolvida. Uma pessoa precisa ter coragem para admitir para si e para o mundo que o casamento falhou. Muitos casais preferem permanecer juntos mesmo infelizes porque dá trabalho demais desmanchar

É tudo uma questão de desequilíbrio

uma relação e começar tudo de novo. O preço disso, porém, pode ser muito alto no fim das contas.

A principal diferença entre esses dois tipos de desequilíbrio – o natural e o intencional – é que, enquanto o primeiro em geral traz o impacto e o drama do inesperado, o segundo vem carregado de esperança de que as coisas podem ser melhores; existe uma vontade genuína de viver certo desconforto hoje em troca de algo mais pleno no futuro. Para fazer esse gesto, porém, é preciso ter muita autoconfiança e acreditar no próprio plano de mudança.

Conheci um rapaz chamado Jorge que vivia insatisfeito com seu salário no escritório de advocacia em que trabalhava. Apesar de se esforçar para dar seu melhor pelas causas, o que recebia ficava muito aquém do que ele imaginava ser justo. Foram anos amargando uma sensação de injustiça, mas sem coragem de sair de onde estava. Ele tinha medo de se aventurar em um novo trabalho e acabar trocando o certo pelo duvidoso.

Um dia, cansado de continuar vivendo naquele ciclo – que já começava a interferir em seus resultados profissionais –, Jorge conversou com alguns amigos de faculdade e começou a amadurecer a ideia de abrir um escritório próprio. Ele colocou todos os planos no papel, estabeleceu acordos e encarou o desafio: aos 25 anos, colocou seu nome à frente de um negócio que era seu de verdade.

Até tomar a decisão, claro, houve muitos questionamentos internos. Será que daria certo? Os clientes confiariam nele mesmo sendo um advogado ainda relativamente novo no mercado? Em quanto tempo colheria os frutos de abrir mão de uma situação estável para outra sem garantia de nada? E se ele se arrependesse?

Apesar de todas as dúvidas e insegurança, Jorge se manteve disposto na escolha de viver aquele desequilíbrio intencional. Ele acreditava na possibilidade real de viver algo mais promissor e coerente com sua entrega profissional, e deu o primeiro passo. Os resultados disso têm chegado pouco a pouco. Jorge não se arrependeu nem olhou para trás.

Essa decisão de se autodesafiar a conquistar os seus sonhos, mesmo quando há medo, é um dos pilares da Performance Holística.

Que Davi está aprisionado aí dentro?

Vale salientar que agir dessa maneira não é sinônimo de se atirar no mundo sem planejamento ou recursos, confiando somente no próprio desejo e sorte. Antes de estar preparado para se jogar, é preciso fortalecer a própria mentalidade, aprender a lidar com as emoções e encarar as crenças sabotadoras que costumam jogar areia nos planos. Em paralelo, investigar possíveis distúrbios de imagem e investir no autoconhecimento, no autocuidado e nas relações pessoais e com o Criador. Ao se reconectar com seu corpo e sua espiritualidade, você terá a chance de se reconhecer em outra dimensão, na qual se sentirá mais consciente e autêntico do que nunca. Está preparado?

CAPÍT

ULO 5

Conforme comentei anteriormente, a (re)conexão com nosso corpo físico é um dos três pilares da Performance Holística. Algumas pessoas não conseguem elaborar uma leitura correta sobre a importância dessa ligação, pois imaginam que a mente deve ser sempre o principal foco dos cuidados – afinal, é lá que os diálogos internos se passam. No entanto, acredite, investir na relação com a carcaça que nos carrega pelo mundo é fundamental não apenas porque precisamos de uma estrutura física saudável e funcional, mas também porque, ao amar o que somos por fora, nos sentimos mais confiantes, serenos e preparados para experimentar o melhor da vida e estabelecer relacionamentos que valem a pena.

Você tem cuidado do seu corpo? Anda de braços dados com a própria imagem ou se acostumou tanto a falar mal de si que vive com um balde cheio de autocrítica ao seu lado? Neste momento, convido você a refletir sobre como anda a relação com sua matéria física. A partir de agora, faça o seguinte exercício: lentamente, comece a tocar todas as áreas do seu corpo como se estivesse reconhecendo um terreno sagrado com as mãos. Sinta a textura da pele, observe as sensações de cada toque, perceba contornos e retas. Encare pintas e manchas, poros, pelos e cicatrizes.

Deixe vir todos os sentimentos que surgirem nesse momento. Escute seu coração bater sem prender a respiração ou focar em julgamentos estéticos. Esqueça o tamanho da barriga, o nariz achatado, a perna mais fina de um lado que sempre o fez sentir

É tudo uma questão de desequilíbrio

vergonha. Seja gentil consigo e não fixe o olhar nas orelhas de abano, no queixo proeminente ou nos seios flácidos. Tente se esvaziar de qualquer sentimento de autocrítica severa que passar por sua mente. Apenas se permita enxergar quem você é por inteiro.

Enquanto se conecta com cada pedaço de você, faça pequenos movimentos nas mãos e nos pés. Pisque os olhos, abra e feche a boca, passe a mão pelos cabelos (ou na ausência deles). Aproprie-se de cada um desses gestos. Perceba que muitos deles são realizados todos os dias, sem nem mesmo percebermos, pois são estímulos naturais enviados pelo nosso sistema neural: olhos que se abrem quando acordamos, pés em sincronia nas caminhadas, bocas que se abrem para emitir sons (e opiniões). A automatização desses processos faz com que nos esqueçamos do quanto a nossa máquina é importante para o funcionamento da vida.

A experiência que acabei de propor tem o objetivo de despertar em você a consciência de que esse equipamento físico recebido como presente desde seu nascimento só existe em função da jornada: seu corpo é sua primeira casa, seu abrigo. Não pode ser deixado de lado, ignorado, maltratado, negligenciado. Mais do que isso, seu corpo deve ser admirado, amado, cuidado e respeitado até o último segundo. Se essa ainda não é uma prática constante na sua vida, está na hora de se pedir perdão.

Sim, peça perdão ao seu corpo e faça as pazes com ele. Desculpar-se por todas as vezes em que se olhou com vergonha ou raiva, pela má alimentação e falta de cuidado, pelos maus hábitos e vícios prejudiciais à saúde. Depois agradeça a ele pela capacidade de fazer você circular pelo mundo, conhecendo pessoas e realizando sonhos. Sinta-se verdadeiramente grato pela maravilha de poder acordar todos os dias e ter a chance de começar ou recomeçar os desejos presentes em seu coração.

Faça isso, porém, sem se deixar levar pela culpa. Pelo contrário, busque o alívio de ter, enfim, resolvido transformar uma relação de desequilíbrio em algo harmonioso e íntegro. Acredite: existem cenários grandiosos esperando por você. Ao fortalecer a conexão com essa máquina que lhe permite sonhar, você abrirá a mente para descobrir em si mesmo o potencial e a capacidade de dar passos maiores.

Uma nova conexão com seu corpo

A máquina-corpo

Já parou para pensar que a formação do corpo, por meio da união do óvulo da mulher com o espermatozoide do homem, é a reação da ação de outros corpos? Caso não tenha entendido, leia essa frase novamente. Quero que você perceba que esse fenômeno nos traz clareza do poder em nossas mãos.

A formação de novos corpos é ilimitada e, em contrapartida, exclusiva: nenhum modelo sai de fábrica igual ao outro. Lembra-se da analogia com o carro que fiz no início deste livro? Ainda que dois veículos diferentes sejam produzidos no mesmo ano e na mesma fábrica, cada unidade é demarcada com uma única e exclusiva numeração de motor. Assim são os corpos humanos em toda a sua complexidade – nem mesmo gêmeos univitelinos são 100% iguais!

Por outro lado, a maneira que nosso corpo age segue certo padrão de comportamento. Devemos entender, por exemplo, que tudo aquilo que está do lado de fora estimula a reação dos sistemas internos. Se eu pontuar algumas situações do dia a dia, você entenderá facilmente o que afirmo.

Sabe aquela "dor de barriga de nervoso" antes de passar por uma situação nova? De maneira geral, esse desconforto faz parte de um conjunto de ações entre o sistema nervoso e o digestivo, capaz de provocar reações hormonais que causam a diarreia e algumas dores locais. O gatilho para que isso aconteça é o medo diante do desconhecido e da perspectiva de viver algo desafiador. O mesmo ocorre com as dores de cabeça causadas pela sobrecarga do sistema nervoso, decorrente de preocupações diárias. Isso é tão comum que, quando percebemos uma situação causadora de estresse, costumamos dizer: "Isso aí vai dar uma dor de cabeça!".

E qual é minha ideia ao gerar esse tipo de reflexão? Meu objetivo é fazer você compreender que, da mesma maneira que o corpo é capaz de promover ações que o levam a viver o extraordinário, a alcançar aquilo que não acredita ser naturalmente possível, ele também pode reagir em sofrimento pelo modo como se vive e se alimenta rotineiramente. Essas reações são capazes de causar danos irreparáveis ao organismo, tornando a jornada carregada de

É tudo uma questão de desequilíbrio

problemas e limitações que podem ser evitados quando se tem a ciência de qual é o melhor caminho a seguir.

Um dos pontos mais impactados nesses processos é a nossa imagem corporal. Imagino que, quando lê essa expressão, você pensa imediatamente na maneira como você se vê em frente ao espelho, correto? Esse é um pensamento bastante comum quando se fala de analisar a própria estética. Quero, porém, trazer uma nova leitura, adicionando outras dimensões à maneira como você se enxerga. Pode parecer estranho – e também ousado da minha parte –, mas posso assegurar que seu olhar dirigido a você mesmo, neste momento, está desconfigurado daquilo que você de fato é ou deveria ser.

Ao longo da vida, inúmeros acontecimentos nos fazem distorcer a percepção que temos sobre nós mesmos. A sociedade, a cultura e a mídia, para citar apenas alguns motivadores, fazem com que criemos falsos padrões corporais e avaliações equivocadas a respeito da nossa forma física e de como nos vemos. Somos tão cobrados o tempo inteiro sobre como parecemos (ou devemos parecer) que é comum desenvolver distúrbios de imagem fortes o suficiente para, aos poucos, comprometer a visão natural sobre si próprio.

Traumas e bloqueios instalados na infância e juventude também participam efetivamente desse processo de distorção, provocando oscilações na relação com o próprio eu. Frases como "tenho uma relação de amor e ódio com meu corpo" e "em certos dias me sinto o patinho feio e, em outros, a pessoa mais linda do mundo" são comuns quando o distúrbio de imagem se instala na mente.

O fato é que, quando você não está se enxergando com clareza, deixa o mundo exterior assumir o controle da sua autoimagem. Se você é do tipo que se compara a outras pessoas o tempo inteiro, por exemplo, involuntariamente se deixa influenciar por comportamentos alheios, replicando sentimentos que não são seus.

Acontece, porém, que gastar energia tentando ser igual a alguém é um grande desperdício. Cada um de nós tem a capacidade de se moldar e brincar de ser o que bem entender. Fugir disso é ir contra a grandeza da natureza humana, sempre tão plural e diversa, e mergulhar em um poço profundo de autocobrança e

Uma nova conexão com seu corpo

frustração. Se esse é seu caso, convido você a me acompanhar em um exercício para começar a fazer o caminho de volta, rumo a uma relação mais gentil consigo.

Exercício 1	Restabelecendo uma nova conexão com a máquina-corpo

Ao criar uma conexão com o corpo, sua jornada ficará mais leve e prazerosa, pois você se permitirá ficar livre de possíveis fardos que possam estar sugando sua energia de maneira massiva sem você perceber. Esse processo é importante para elevar a sua Performance Holística integralmente, uma vez que tudo o que vai vivenciar a partir de agora precisa estar em sinergia com a sua matéria física.

Na prática:

Todos os dias, antes de dormir ou no primeiro banho, fique alguns instantes se olhando no espelho sem nenhum tipo de roupa. Tente visualizar seu corpo como um grande parceiro de jornada e agradeça por tudo o que passaram juntos até hoje. Diga: "Obrigado por estar comigo em todos os momentos. Sei o quanto é desafiador seguir nessa estrada, mas prometo que, a partir de agora, darei a você mais carinho, cuidado e amor. Estaremos juntos até o último dia. Seremos como melhores amigos de infância".

Após realizar esse exercício, busque um sentimento de paz e recomeço consigo, e, dia a dia, tente honrar suas raízes, mantendo-se leal a um novo relacionamento com a sua máquina. O resultado virá com tempo, esforço e dedicação a si. Um dia você olhará em direção ao sol e saberá que tudo vai ficar bem.

Seu corpo, sua empresa

"Você é empresário(a)?" Costumo sempre fazer esse questionamento às pessoas que participam dos meus treinamentos. Alguns respondem positivamente, outros, negativamente. E há ainda aqueles que se classificam autônomos. Após fazer a pergunta, concluo dizendo que todos nós, ao nascermos, ganhamos uma empresa. Afinal, é por meio do corpo que saem todos os nossos modos de

É tudo uma questão de desequilíbrio

"monetização", ou seja, geramos tudo aquilo de que desfrutamos ao longo da vida, seja no quesito pessoal ou profissional.

Você já parou para pensar nisso? Reparou que, às vezes, gasta muita energia para cuidar de empresas de terceiros, mas se esquece de administrar corretamente o próprio empreendimento? Faço essas perguntas aos meus clientes para motivá-los a elevar o valor simbólico de seu corpo e assumir mais responsabilidade com ele – o que, na minha visão, é uma das mais importantes reflexões deste livro.

Pense da seguinte maneira: se sua mente, a diretora-geral da empresa, enviar uma ordem ao corpo, mas não houver, em contrapartida, uma estrutura física adequada para acatá-la, nada acontecerá. Isso significa que o corpo não existe somente para satisfazer às suas necessidades, muitas vezes egocêntricas ou estéticas. Ele existe para manter uma Performance Holística ao longo da vida, potencializando todas as experiências em diversos níveis – inclusive mental e espiritual. Para isso, você tem de se libertar das restrições e limitações que impedem essa conexão real e profunda com a própria máquina.

A partir de hoje, se você realmente quiser viver a Performance Holística, dê mais atenção à empresa que lhe possibilita fazer esta leitura agora. O bem-estar estético é muito importante para se manter confiante e seguro quando se busca atingir altos níveis, e não discordo disso. Para que a jornada seja mais bem-sucedida, no entanto, é necessário cuidar bem da estrutura física para o bom funcionamento da pilotagem central (sua mente).

Pense comigo: o que você tem colocado para dentro da sua empresa trará benefícios em longo prazo? Se seu corpo-empresa fosse avaliado hoje, como estaria o desempenho? Há quanto tempo você não para e faz um balanço do cenário atual? Talvez seja hora de fazer um check-up – ou melhor, uma consultoria estratégica. Com o investimento certo, a falência certamente vai demorar a chegar.

> Sinta-se verdadeiramente grato pela maravilha de poder acordar todos os dias e ter a chance de começar ou recomeçar os desejos presentes em seu coração.

É tudo uma questão de desequilíbrio

| Exercício 2 | Hora do investimento |

Em determinados momentos do ano, as empresas precisam concentrar a atenção em realizar planejamentos estratégicos focados em crescimento. Isso implica analisar investimentos, fazer inventário de estoque, reformar o prédio e reestruturar equipes, entre outras melhorias. Com o corpo humano não é diferente.

Check-ups rotineiros são fundamentais para avaliar o quadro geral de saúde e agir preventivamente para garantir o bem-estar físico. Na maioria das vezes, também conseguimos identificar possíveis alterações funcionais, fisiológicas e hormonais que podem ser corrigidas rapidamente, antes que a nossa Performance Holística seja prejudicada.

Muitas pessoas têm medo de se submeter a exames pois acham que podem encontrar alguma doença ou alterações preocupantes. Esse é um pensamento muito equivocado. É consenso que, para qualquer patologia, quanto mais antecipadamente você tiver o diagnóstico sobre seu estado de saúde, maior será a possibilidade de acelerar o tratamento e ser bem-sucedido no processo de cura.

Há quanto tempo você não faz um check-up médico? Tem sentido dores locais, musculares ou adiado o início do tratamento de uma doença já diagnosticada? Essa é a hora, portanto, de olhar para dentro de si e dar "uma geral" na máquina. Não espere que sua empresa entre no vermelho para organizar as finanças e a estrutura. Busque ajuda profissional, faça os procedimentos necessários e deixe seu corpo pronto para os próximos passos.

Máquina-corpo: como vencer o sobrepeso e a obesidade

Vou continuar usando a analogia do carro para explicar, de maneira clara e didática, os processos de mudanças da sua máquina em razão do sobrepeso e da obesidade – afinal, esses são alguns dos principais responsáveis pelo desequilíbrio não somente na autoimagem, mas também na saúde física e mental humana. Apenas para se ter ideia, uma pesquisa realizada pelo Instituto Brasileiro

Uma nova conexão com seu corpo

de Geografia e Estatística (IBGE)[13] em 2019 mostrou que cerca de 96 milhões de pessoas estão acima do peso no Brasil, ou seja, seis em cada dez cidadãos.

Considere as situações a seguir. Concorda comigo que, quanto maior a estrutura de um carro e mais potência tiver o motor, maior será o gasto de combustível? E que, independentemente do modelo, o tanque de gasolina sempre terá um limite de preenchimento? Nesse sentido, a necessidade de completar o tanque só deveria acontecer quando esse combustível, de algum modo, fosse queimado para gerar energia, certo? Acontece, no entanto, que nem sempre é assim que tudo funciona.

Por diversas razões – como o medo de que o combustível acabe em algum momento da viagem, por exemplo –, muitas pessoas insistem em guardar galões cheios em compartimentos internos do carro (seu corpo). Esse excedente, que não se transforma em energia, fica parado, atrapalhando o funcionamento do motor e o desempenho do veículo. Há, ainda, os casos de carros estacionados há anos e utilizados quase como peças de colecionadores (retirados da garagem apenas em ocasiões especiais) e de veículos que são abastecidos com combustível adulterado.

Assim como os automóveis, o corpo, essa carapaça que nos conduz pelo mundo, precisa ter um consumo certo de alimentos e produzir energia na mesma medida. Obesidade e sobrepeso nada mais são do que o acúmulo de combustível parado sem gerar combustão. Na prática, o que ocorre é um mecanismo de defesa do organismo, que aciona o estômago para distribuir o alimento excedente para algumas áreas do corpo até que seja solicitado a elas a produção de energia. Esse armazenamento é o tão conhecido acúmulo de gordura.

A maneira mais sensata e eficiente de burlar esse padrão e obter sucesso no processo individual de emagrecimento não é segredo para ninguém: reduzir a ingestão de comida e queimar

---

13 OS ÚLTIMOS números da obesidade no Brasil. **Abeso**, 21 out. 2020. Disponível em https://abeso.org.br/os-ultimos-numeros-da-obesidade-no-brasil/. Acesso em: 24 mar. 2022.

É tudo uma questão de desequilíbrio

o excesso estocado, colocando o corpo para se movimentar. Esse, aliás, é um dos diferenciais do corpo em relação ao carro, uma vez que, mesmo quando está parada, a máquina humana mantém o motor ligado por meio dos órgãos vitais e permanece em constante combustão até o último fio de vida.

Essa atividade espontânea do corpo, no entanto, não é suficiente. Para atingir melhores resultados, o único caminho é praticar regularmente atividades físicas – sim, esse velho hábito do qual muitos fogem, odeiam e têm preguiça só de pensar. Eu acredito que pessoas têm pavor e dificuldade de praticar exercícios físicos porque, em geral, eles foram introduzidos de maneira equivocada. Por exemplo, ouviram profissionais de saúde se referirem a essas atividades como um tipo de remédio. Falam isso com o intuito de despertar nos pacientes disciplina e motivação, mas a realidade é que ninguém sonha em tomar remédio todos os dias. As pessoas querem ser saudáveis, porém sem muito esforço.

Guarde com você esta informação: por mais que digam o contrário, exercício físico não é medicamento, e sim um treino para melhorar o funcionamento do organismo e elevar a performance da sua máquina. Quanto mais bem orientado e treinado for seu corpo, melhor será a sua viagem pela vida. Se for bem nutrido, com qualidades e quantidades corretas, terá êxito em todo o percurso.

Para conseguir entender essa equação, você precisa, portanto, mudar a interpretação de que a boa alimentação e a prática de exercícios físicos são uma punição. Isso é uma grande mentira. Assim como a imagem corporal pode ser desconfigurada pelas escolhas que você faz, o modo de avaliar seus hábitos diários também pode desbloquear ações que levarão você a viver uma vida mais leve, na qual estará totalmente de bem consigo.

É importante deixar claro que, a despeito de qual seja sua condição ou aptidão física hoje, o processo de aprendizado do corpo – no que diz respeito a exercício físico e a todo estímulo que, de alguma maneira, vai gerar uma nova adaptação – precisa ser organizado por fases. Você também precisa respeitar o tempo necessário para absorver cada informação, seja ela cognitiva ou fisiológica.

> Quanto mais bem orientado e treinado for seu corpo, melhor será a sua viagem pela vida.

É tudo uma questão de desequilíbrio

Algumas pessoas têm, por exemplo, mais facilidade para estudar e passam de série no tempo estipulado. Outras funcionam em um ritmo um pouco mais lento e, às vezes, precisam se dedicar em dobro para chegar ao mesmo lugar. Apesar disso, porém, todas as séries têm o seu valor e a sua sequência pedagógica. Digo isso porque não faz sentido uma pessoa querer iniciar sua série de atividade corporal com exercícios de alta performance; para que ela consiga se manter em atividade, é necessário mandar estímulos aos poucos, de maneira que o corpo se familiarize com o que se transformará, posteriormente, em um hábito.

A aderência ao exercício físico, como a potencialização de resultados para a vida como um todo, é muito simples. As pessoas complicam isso e criam barreiras que as impedem de começar a se mexer. A dica mais importante para dar o primeiro passo e virar esse jogo é: antes de tudo, identifique qual tipo de atividade ou modalidade lhe dará prazer.

Não se apegue ao resultado físico que o exercício trará, mas ao resultado emocional, ao desbloqueio da sua capacidade e ao sentimento de bem-estar alcançado. Vale apostar em musculação, ginástica, corrida, caminhada, dança, esportes coletivos ou outro que lhe proporcione sensação de leveza ao fim da prática.

Considero uma grande equívoco as pessoas procurarem uma modalidade que traga resultados estéticos imediatos, pois isso, no fim, revela-se uma ilusão. A probabilidade de abandonarmos essa prática de que não gostamos é imensa. Quando não há identificação, e muito menos satisfação, a tendência é que a "novidade" seja logo posta de lado. Além disso (e penso ser o pior ponto), a desistência acarreta uma nova frustração, matando de vez a chance de a pessoa se tornar ativa fisicamente.

Um paralelo possível para ilustrar essa questão é quando uma pessoa trabalha exclusivamente por dinheiro, sem sentir nenhum prazer. Nesses casos, levantar da cama e ir trabalhar todos os dias costuma ser uma luta. Quem vive dessa maneira estará sempre insatisfeito, buscando o "emprego dos sonhos".

Você deve entender que a prática de atividades físicas não deve se restringir apenas ao desejo de emagrecer ou de ficar forte

Uma nova conexão com seu corpo

para conquistar o "corpo do verão". Quando você conhecer a força do seu corpo e a sinergia possível de ser criada com uma mente também treinada, entenderá do que estou falando.

É bastante natural que, ao começar a identificar melhorias por meio daquilo que você se propôs a fazer na sua rotina de treinamento, também aumentem sua confiança, segurança e garra para buscar resultados no trabalho. Sei que para muitos esse raciocínio parece ilógico ou algo distante de se acreditar, mas confie em quem está escrevendo para você agora. Afinal, milhares de pessoas já foram colocadas à prova com essa metodologia e comprovam que se cuidar de verdade é algo viciante e sem volta.

Exercício 3	Colocando a máquina na pista

Topa colocar seu corpo à prova? Quero propor aqui o saudável desafio de dar um *start* na sua vida por meio de atividades físicas – ainda que você nunca tenha praticado nada com regularidade. O objetivo será conseguir desenvolver um hábito, enxergar os micro e macrorresultados e elevar a própria performance.

Se você está totalmente sedentário, comece a caminhar no quarteirão de casa ou a subir as escadas do prédio onde mora, pelo menos uma vez por dia, de quinze a trinta minutos. Pratique respeitando sua condição atual, sem forçar demais a barra. Esse não é o momento de estabelecer metas relativas a estética, mas de focar em si mesmo e se manter sereno no objetivo de fazer circular tudo o que está aí dentro de você.

Tente seguir essa rotina de exercícios por cinquenta dias. Quero que você assimile a ideia de que, ao movimentar a sua máquina, estará 2% melhor a cada dia. Reconheça esses microrresultados sem se apegar aos benefícios estéticos. No fim do período, monte um novo desafio, elevando a dificuldade: dessa vez, será a hora de desbloquear todos os sentimentos de incapacidade física, e mostrar para si o quanto seu corpo é forte e capaz de atingir uma ótima performance.

Agora, se você é do time que já tem uma rotina de exercícios, porém os resultados estão estagnados, sugiro fazer uma avaliação com um

É tudo uma questão de desequilíbrio

profissional da área de educação física e estabelecer um novo desafio para melhorar sua performance – não tem nada melhor do que propor a si mesmo metas focadas em atingir determinados objetivos. Experimente, durante esse processo, novos exercícios e modalidades, pois às vezes está faltando um choque de desequilíbrio intencional para você romper o efeito platô, ou seja, a estagnação dos resultados.

Se não conseguir se manter firme estando sozinho nesse desafio, tente reunir pessoas com o mesmo objetivo que o seu e estabeleçam metas coletivas. O mais importante é encontrar estratégias que ajudem você a se movimentar todos os dias, utilizando a atividade física como alternativa para deixar circular as emoções, as energias e, também, as calorias dos alimentos ingeridos ao longo dos dias. Perder peso ou conquistar mais definição corporal serão apenas consequências desse investimento em sua saúde.

Nutrição da performance holística

Talvez você tenha começado a ler este capítulo com a expectativa de encontrar uma nova dieta para emagrecer, ficar mais forte ou perder aquelas gordurinhas localizadas que insistem em fazer morada no seu corpo. Em primeiro lugar, deixe-me explicar algo importante: *na Performance Holística, a nutrição não tem o propósito de recomendar fórmulas e estratégias utilizadas para atingir resultados pontuais, mas que adoecem.*

Meu papel é ensinar a você a criar uma relação saudável com alimentos, dietas ou um plano alimentar – como você preferir nomear. O primeiro passo para isso é entender a real função da comida em sua vida. Esse assunto pode parecer um pouco batido, mas, quando você internalizar tudo isso, acredite, sua máquina acelerará com muito mais foco, estratégia e economia.

Você se lembra da analogia do carro? Voltemos a ela mais uma vez. Para que um automóvel funcione e possa se movimentar, o combustível é fundamental – a não ser que o freio de mão fique solto e alguém o empurre, o que não acredito ser o objetivo. Afinal, ninguém sonha em ser empurrado ou carregado ao longo da vida.

> Meu papel é ensinar a você a criar uma relação saudável com alimentos, dietas ou um plano alimentar – como você preferir nomear.

É tudo uma questão de desequilíbrio

O alimento diário é o combustível que ativa todo o funcionamento desse grande maquinário que mantemos trabalhando vinte e quatro horas por dia. Alguns itens, como os carboidratos, agem diretamente no sistema nervoso, fazendo com que as sinapses neurais deem ordem de movimentos, sentidos e ações. Outros tipos de alimentos têm propriedades mais construtivas e agem primariamente na sustentação da estrutura da máquina, a exemplo das proteínas.

As gorduras, por sua vez, são importantes para o equilíbrio da temperatura corporal, a proteção dos órgãos vitais, o transporte de vitaminas e hormônios e o sistema imunológico. Elas são como o óleo do carro, ao qual precisamos estar atentos quando o nível está muito baixo; mas, em contrapartida, não faz sentido colocar além do necessário.

Eu poderia aprofundar mais essas informações sobre micronutrientes e suas funções, entretanto esse não é meu propósito. O que quero pontuar é a importância do equilíbrio entre os alimentos para o funcionamento da sua máquina, tirando um pouco o foco de qual é mais importante para emagrecer ou para ficar "maromba". O ponto central deve ser: se você fizer as pazes com a comida, a relação com seu corpo, sua mente e seu espírito será fortalecida.

Assim como as orientações relativas a atividades físicas, a nutrição tem sido deturpada em razão da disseminação de informações massificadas e equivocadas que colocam determinados alimentos no papel de vilão – e, consequentemente, passam a ser usados como autopunição, autorrecompensa ou fuga da consciência.

A minha intenção não é listar os alimentos que fazem bem ou mal. A questão essencial nessa caminhada em direção a um corpo pleno e saudável é ter bom senso para investir energia no combustível colocado dentro do corpo, de maneira que a manutenção ou a restauração dele não seja algo urgente e precoce. Assim, a relação entre quantidade e qualidade deve ser estratégica para que se atinja alto nível nutricional, focado no bom funcionamento do organismo.

A Performance Holística trata o nível de consciência, e não promete "milagres" – algo maldoso que traz a medalha da

Uma nova conexão com seu corpo

frustração como resultado. Tenha certeza de que chegou a hora de você preparar a sua mente para limpar a máquina e renovar os seus combustíveis por algo melhor e mais saudável, a fim de performar muito mais. Alimente-se de novas condutas; seu corpo agradecerá.

Exercício 4 — Alimentando-se de novos hábitos

Para entender melhor qual é o tipo de combustível que tem colocado dentro da máquina-corpo, você deve realizar uma autoanálise. Faça o seguinte: anote sua alimentação durante dois dias, do momento em que acorda até a hora de dormir. Registre tudo o que consumir, quantidades, sensações antes e após a ingestão. Busque discernir aquilo que lhe traz bem-estar (e que, de fato, alimenta seu corpo) daquilo que você consome sem critério ou apenas por força do hábito.

Ao finalizar o exercício, avalie os alimentos e como cada um deles impactou em seu corpo. Tente identificar aqueles que considera combustíveis positivos para sua performance (os quais chamaremos de combustíveis aditivados) e os prejudiciais (ou combustíveis adulterados).

Por que estou propondo isso? Para você caminhar em direção ao passo seguinte: durante um mês, sua alimentação não deve conter combustíveis adulterados pelo menos seis dias por semana. Ao longo do tempo, você vai perceber que, com essa troca, sua máquina será capaz de performar na estrada de maneira mais leve e eficiente.

Mais uma vez, ressalto que a ideia não é demonizar qualquer tipo de alimento – uma vez que a melhor estratégia para adotar uma dieta é ter uma rotina alimentar acompanhada por um profissional nutricionista. Meu propósito é ajudar você a ouvir o próprio corpo, aprender a entender os sinais que ele emite e conseguir, dia a dia, identificar (e buscar) somente o que traz benefícios à sua saúde. Sem cobranças e sem desculpas.

É tudo uma questão de desequilíbrio

Case | Um novo corpo para Luiz

Luiz, 28 anos, sempre cultivou o sonho de ter um corpo de alta performance. Depois de inúmeras tentativas de conquistar um *shape* que lhe trouxesse satisfação diante do espelho, ele acabou frustrado, pois, por mais que se esforçasse para dar sequência a um planejamento adequado de exercícios e alimentação, o resultado desejado nunca vinha.

Quando Luiz me procurou em busca de ajuda para mais uma tentativa de transformação, a primeira coisa que identifiquei foi a necessidade de elevar a consciência dele em relação ao porquê de iniciar aquele projeto. Era preciso mostrar a importância de ultrapassar a barreira dos fins estéticos e criar uma concepção do que é o corpo e o que ele carrega. Somente após esse entendimento poderíamos começar a estabelecer princípios para que ele desenvolvesse uma nova conexão com a própria aparência.

Um dos primeiros passos do mergulho de Luiz na Performance Holística foi compreender e ressignificar crenças que ele havia *setado* na mente após ter passado por tantas metodologias com os mais variados profissionais. Para ele, por exemplo, era muito forte a certeza de que dificilmente atingiria um resultado excelente (e em tempo razoável) sem o uso de esteroides anabolizantes, apostando somente na velha dupla musculação + boa alimentação.

Esse pensamento é bastante comum em pessoas que já tentaram inúmeras estratégias imediatistas e conseguiram um "resultado emprestado" – ou seja, até atingem sua meta temporariamente, mas assim que perdem a constância no processo precisam "devolver" tudo o que conseguiram, voltando à estaca zero. Um exemplo claro disso é o velho "efeito sanfona", que alterna rapidamente períodos de emagrecimento e ganhos de peso.

Além do senso de urgência em atingir a meta, Luiz se mostrou extremamente organizado, controlador e investigativo; gostava de pesquisar tudo e fazia muitas anotações. Entender todas essas características foi fundamental para traçar com ele uma estratégia que valorizasse seus pontos fortes e minimizasse os não tão positivos.

Definimos então uma rotina alimentar e de treinos, respeitando os horários que se encaixavam na rotina dele, e combinamos uma série de leituras

Uma nova conexão com seu corpo

sobre a força da mentalidade como diferencial para o que ele enfrentaria. O objetivo era que ele se sentisse confiante e seguro de estar no caminho certo.

Também fizemos um acordo de adotar a prática de reconhecimento dos microrresultados diários, celebrando um passo de cada vez, sem perder o olho da estrada. Em paralelo, fixamos o foco no processo, e não na linha de chegada do projeto. Essa escolha acabou gerando em Luiz o prazer em aprender as melhores técnicas de treinamento e o interesse em conhecer melhor os alimentos. Com o tempo, ele passou a exercitar mais o auto-cuidado e desenvolveu não apenas um amor maior por si como também conquistou um estilo de vida mais autêntico. Realizar exercícios e ter uma boa alimentação deixou, enfim, de ser algo para atingir exclusivamente determinado resultado e se tornou o combustível para elevar a performance física e mental amplamente.

Após alguns meses desde nossa conversa inicial, Luiz percebeu como a mudança estética foi apenas a cereja do bolo em meio a todo o aprendizado que ele adquiriu ao longo do processo. Cuidar do corpo e investir em auto-conhecimento passou a ser o seu hobby. Hoje, Luiz, que exerce a advocacia profissionalmente, considera, inclusive, estudar mais a fundo as ciências da área da saúde para ajudar a transformar outras pessoas também.

CAPÍT

ULO 6

ATIVE O MELHOR DA
SUA MENTALIDADE

Está pronto para entender e desequilibrar a sua mente? Aqui começa o treinamento da mentalidade segundo a ótica da Performance Holística. A partir de agora, você aprenderá a compreender muitos dos acontecimentos vividos até hoje, a analisar melhor o próprio comportamento e a criar estratégias para performar com maestria durante sua jornada.

Treinar a mente e desmistificar tudo aquilo que engloba suas ações é como capacitar o piloto para guiar a máquina que tem em mãos. Afinal, conforme eu disse anteriormente, de nada vale ter um excelente carro se o condutor não souber o momento certo de acelerar, frear, reduzir a marcha e estacionar. Ou seja, não adianta suar para manter um corpo esbelto e cheio de saúde física se, em paralelo, você não souber utilizá-lo para conquistar e desfrutar daquilo que está à sua volta.

Para facilitar o entendimento, a partir desse ponto vou tratar a mente como a comandante das ações, e o cérebro, o executor da tarefa. Pode ser que você tenha ficado confuso com essa comparação, mas vou explicar melhor. Vamos partir do princípio de que o cérebro é a parte do corpo responsável pela inteligência, consciência, memória e linguagem, dentre outras. A mente, por sua vez, é a líder que capacita todas essas funções pré-programadas (algumas ações já vêm naturalmente instaladas no cérebro – como o instinto de defesa e de sobrevivência). O papel desses mecanismos

É tudo uma questão de desequilíbrio

é poupar energia para que seja mantido o funcionamento de todos os sistemas em prol da própria existência.

Gosto de contar uma história para esclarecer e facilitar o entendimento dessa ação. Vamos voltar no tempo e analisar nossos ancestrais mais primitivos e seus hábitos para entender como, possivelmente, alguns drives são instalados no cérebro. Nos primórdios da humanidade, nossos antepassados não tinham acesso fácil à comida, então eram obrigados a caçar animais e coletar frutos para alimentar a máquina e sobreviver. Também precisavam racionar o que conseguiam para não faltar sustento nos dias seguintes.

Vamos analisar dois aspectos importantes dessa condição. O primeiro é a necessidade de poupar energia para que, caso houvesse escassez do alimento, o corpo pudesse aguentar uma nova caçada. O outro, a incerteza da oferta de alimento. Não havia, portanto, nenhuma garantia da sobrevivência e, por isso, cada dia era vivido intensamente.

Apesar de milhares de anos terem se passado, o cérebro humano continua operando sob a mesma lógica de poupar energia para sobreviver. É por isso que a maioria das pessoas prefere ficar debaixo de uma coberta quentinha a pular da cama bem cedo para fazer uma corrida ou um exercício intenso. Sim, a preguiça tem explicação, mas a solução dela também (vou chegar lá).

No passado, a incerteza da oferta de alimento era uma realidade diária. Atualmente, apesar de a fome ser uma triste realidade na vida de milhares de famílias em todo o mundo, a maioria da população tem comida na mesa todos os dias. No entanto, quando a mente fica refém do estado natural do cérebro, desencadeia-se uma ingestão desenfreada, pois o cérebro entende que deve armazenar o alimento e evitar a escassez. Ele é teimoso e irredutível, e quer apenas manter você vivo, nada mais. Para quebrar esse padrão, você deve ter a clareza de que levar uma vida condicionada aos seus comportamentos naturais fatalmente o levará a uma existência de completa mediocridade.

Ative o melhor da sua mentalidade

Descubra sua identidade e faça o cérebro trabalhar a seu favor

Enquanto escrevo estas linhas, imagino que, ao chegar até aqui, você já esteja familiarizado com os conceitos que apresentei e tenha se transformado de algum modo. Talvez tenha desejado treinar melhor seu cérebro para livrá-lo da preguiça, dos resultados medianos e de tudo aquilo que impede você de viver a Performance Holística. Talvez já tenha até mesmo inserido pequenas mudanças na sua rotina... mas quer ir além. Acertei? Se sim, avance comigo para o combate. Vamos preparar agora seu sistema operacional.

Antes, você precisa saber que todas as suas condutas, os pensamentos e comportamentos habituais foram incorporados no decorrer da sua existência. Além das ações naturais, como as adquiridas dos tempos ancestrais, há ainda aquelas instaladas por nossas gerações passadas mais recentes: pais, avós e bisavós. Cada uma dessas pessoas recebeu um tipo de doutrina, cultura e criação, e passou essas heranças para quem veio depois. Portanto, grande parte de quem você é está impregnada do passado de milhares de outras pessoas.

Esse fluxo – que, claro, não é consciente – acaba afastando você da sua real identidade. E uma vez que o cérebro trabalha em função daquilo que lhe foi dado como informação, quanto mais o tempo passa sem um trabalho de desconstrução, mais difícil será romper com essas ações e acessar o seu interior mais puro.

Para fazer o cérebro trabalhar a seu favor e conseguir detectar a sua essência, é necessário analisar profundamente o que já foi vivido até aqui e colocar na balança o que convém ou não levar para a jornada futura. Mas esse processo de "filtragem" pode ser muito dolorido. É como abrir uma ferida na sua maior profundidade. No entanto, o entendimento e a compreensão de si, com o passar do tempo, agem como uma forte pomada de cicatrização para remediar a dor.

Vale também deixar claro que não existem culpados quando não há consciência desse legado. O ponto a que quero chegar é:

É tudo uma questão de desequilíbrio

não adianta "virar a cara" para seus pais ou despejar sobre eles a raiva por ter herdado coisas que fazem você sofrer ou se sentir estranho em sua própria pele. Nossos pais também transbordam daquilo que receberam dos pais deles. E os pais deles dos pais deles, e assim sucessivamente. Ninguém pode dar aquilo que não tem.

É provável que haja falhas e até situações que deixem você intrigado em relação às pessoas que o criaram. Acredite, elas também são fruto do simples fato da ausência de conhecimento e orientação. É muito difícil e cansativo sair de uma zona de conforto para elevar o entendimento das coisas – tenho certeza de que você mesmo sabe disso.

Entretanto, não se esqueça: quanto mais velho for um ser humano, mais rústica será a sua formação. Por isso, não podemos cobrar de uma pessoa aquilo que ela não recebeu ao longo da vida. Pelo contrário, se tivermos a oportunidade de trabalhar essas questões, devemos retribuir com sabedoria aos que não tiveram essa chance.

Dada a quantidade de informações disponíveis a quem estiver disposto a aprender, as novas gerações devem – ou deveriam – viver em constante processo de desenvolvimento pessoal. Não é inteligente desperdiçar essa possibilidade em busca de culpados por sua infelicidade ou inércia. Direcionar energia para a descoberta da identidade individual e estar em constante evolução é o caminho para a liberdade física e espiritual.

Neste capítulo, vou abordar alguns pontos importantes para aprofundar esses aspectos.

Onde suas crenças se instalaram?

Identidade é tudo aquilo que individualiza e distingue uma pessoa da outra. Não há, no mundo, um único indivíduo 100% igual ao outro, e isso é fantástico! A originalidade e a diversidade humana é o que fazem da sociedade um espaço múltiplo e possível para diferentes raças, pensamentos, credos, valores e papéis. Então por que você ainda se compara tanto aos outros e, às vezes, esquece essa

Ative o melhor da sua mentalidade

autenticidade própria e exclusiva? Quando conseguir entender a força que é se libertar desse tipo de atitude, você deixará de sofrer por muitas coisas e cada vez mais buscará performar suas versões interiores de maneira mais plena.

Para compreender melhor o que leva você a insistir em velhos hábitos destruidores de autoestima, vamos voltar à infância. Você sabia que o cérebro é um dos primeiros órgãos que se formam nos bebês? Pois é, mal chegamos ao mundo e as crenças e os comportamentos familiares já são incorporadas em nós.

Na primeira infância, de 0 a 6 anos, a velocidade de aprendizado é muito acelerada, e a parte afetiva, na qual são instaladas as características emocionais, é de suma importância ao desenvolvimento humano. Crianças que recebem amor materno nessa fase têm mais chance de crescer com amplos benefícios psíquicos.[14]

Nessa mesma etapa da vida, o raciocínio lógico é desenvolvido sem a necessidade de grandes vivências. O campo de aprendizagem está aberto para novas informações, pois ainda não há muitas amostras para decidir o que é certo ou errado. Assim, ao levar um tombo, por exemplo, a criança chora e aguarda a reação do seu cuidador. Se esta não for de muita importância, ela decide parar de chorar e tenta se levantar novamente, ou continua o berreiro até encontrar outra solução. As crianças que optam pela primeira reação tendem a se tornar adultos mais confiantes, seguros e com habilidade para resolver problemas.

Outra questão a ser analisada é a parte visual e auditiva desenvolvidas e exploradas na primeira infância. Ou seja, mesmo que de maneira inconsciente, as coisas que você viu e ouviu quando criança, seja no ambiente de convívio familiar ou na escola, são inseridas na memória cerebral, e isso pode estar impactando sua vida até hoje. No exercício 5, estão algumas perguntas para ajudá-lo a identificar suas possíveis crenças e decidir o que fazer com elas.

A segunda fase da infância é a pré-adolescência, isto é, aproximadamente dos 7 aos 13 anos. É o período no qual acontece

---

14 Bowlby, J. **Cuidados maternos e saúde mental**. São Paulo: Martins Fontes, 2006.

É tudo uma questão de desequilíbrio

a maioria dos eventos responsáveis pela consolidação das crenças limitantes. Apenas para deixar bem claro: crenças limitantes são todas aquelas "verdades" que tomamos como absolutas e falsamente concluímos como determinantes. A maioria desses pensamentos interfere negativamente na nossa performance pessoal e profissional.

O ambiente de convívio e os acontecimentos ocorridos nessa fase são estruturas fundamentais a serem analisadas para identificar seu comportamento atual. Observe o seguinte exemplo: pessoas que na infância tiveram uma família simples, que enfrentaram escassez financeira, tendem a viver com o pensamento de que o dinheiro pode acabar a qualquer momento. Por isso, esses indivíduos tendem a buscar comportamentos típicos da escassez, mesmo que a condição atual seja melhor que a do passado. Existem pessoas que têm uma condição financeira muito boa, mas que não conseguem desfrutar a vida por terem o pensamento enraizado na pobreza.

Outra situação é a vivida por pessoas que não tiveram, dentro da família, exemplos de resultados exponenciais e histórias de sucesso. Muitas delas têm medo de dar passos longos em projetos profissionais e acabam empilhando frustrações e desistências ao longo da vida, pois subestimam o próprio potencial para conseguir aquilo que almejam.

Meu objetivo aqui não é ficar "colando" exemplos que acontecem com quase todo mundo para você pensar: *Caramba! Então é por isso que sou assim*. Quero apenas que reflita sobre a sua realidade e tente entender o que poderia ter contribuído para fazer de você quem você é hoje. Compreender onde e como certas crenças se formaram é um poderoso instrumento para ajudá-lo a ressignificar seu interior e chegar aonde deseja. E há algo mais que quero dizer: tenho certeza de que o alvo a ser atingido é quase sempre pequeno demais para a capacidade que a pessoa tem de alcançá-lo.

> Direcionar energia para a descoberta da identidade individual e estar em constante evolução é o caminho para a liberdade física e espiritual.

É tudo uma questão de desequilíbrio

Exercício 5 — Identificação de crenças limitantes e padrões comportamentais

Vamos fazer um exercício? Reflita sobre as questões a seguir, mergulhe fundo nas suas memórias e anote o que lhe vier à mente. Tente não colocar nenhum filtro e ser o mais honesto possível. Não há respostas certas ou erradas. O objetivo desta atividade é trazer à tona alguns insights que o ajudem a entender de onde vêm as crenças e os padrões comportamentais. Quando terminar de responder, fique sozinho e em silêncio, absorvendo os sentimentos que se manifestarem.

Primeira infância – 0 a 6 anos

1 Qual é a sua primeira lembrança? Cite eventos e situações que ativem as primeiras memórias da sua vida.

_____

_____

_____

_____

_____

2 Quem foi mais presente nos primeiros momentos da sua vida? Escreva o nome da primeira pessoa que vier à sua mente.

_____

3 Você viveu algum trauma? Consegue recordá-lo? Pense em acidentes ou situações que causaram sentimentos negativos.

_____

_____

_____

_____

_____

_____

Ative o melhor da sua mentalidade

4 Quais eram os seus momentos mais prazerosos? Descreva o que vier à sua memória.

_____
_____
_____
_____
_____
_____

Segunda infância – 7 a 13 anos

1 Com quem você mais se relacionou (pai, mãe, primos, tios etc.)? Pense nas pessoas que participaram da sua criação.

_____
_____
_____
_____
_____
_____

2 Cite algum acontecimento que gerou um trauma ou bloqueio importante na sua vida. Pense em bullying na escola, maus-tratos, acidentes corporais, dentre outros.

_____
_____
_____
_____
_____
_____

É tudo uma questão de desequilíbrio

3 Como era a sua relação com seu pai? Quais eram as principais características dele?

_____

_____

_____

_____

_____

_____

_____

4 Como era a sua relação com sua mãe? Quais eram as principais características dela?

_____

_____

_____

_____

_____

_____

_____

5 Como era o seu ambiente familiar como um todo?

_____

_____

_____

_____

_____

_____

Ative o melhor da sua mentalidade

6 Como era a sua relação com os seus amigos de infância?

7 De que maneira você se avaliava ao se olhar no espelho?

8 Seus pais ou tutores incentivaram você a fazer coisas das quais gostava?

É tudo uma questão de desequilíbrio

9 Você costumava participar de jogos escolares ou modalidades esportivas? Se não, por quê? Se sim, como eram os resultados?

_____

_____

_____

_____

_____

10 Alguém na sua família ou escola feriu você verbalmente?

_____

_____

_____

_____

_____

Muitas pessoas, ao começarem a responder a esses questionamentos, conseguem identificar alguns traumas, bloqueios e até comportamentos similares aos das pessoas de seu convívio. Quando tiver terminado de responder, deixe vir à tona todos os sentimentos. Ao longo desta leitura, você vai entender que tudo se conecta com o propósito de elevar sua consciência para alcançar, no momento certo, o entendimento do que fazer com essas informações.

Como lidar com as frustrações da vida adulta?

Até este momento, exploramos mais as vivências da infância até a pré-adolescência, fases em que os principais padrões comportamentais aparecem e se consolidam. Porém, a vida segue seu rumo, caminhando para a fase adulta, na qual somam-se acontecimentos

Ative o melhor da sua mentalidade

que geram sentimentos de conquista, mas também de frustração. Relacionamentos, carreira, construções familiares, projetos para o futuro: tudo isso vai se enraizando dentro de cada indivíduo, provocando impactos na mentalidade.

Acontece que, como sabemos, nem tudo sempre sai como o esperado. Planos não são concretizados, sonhos naufragam, relações que pareciam eternas se desfazem. A sensação de ter falhado deixa seu rastro, acendendo um grande letreiro neon acima de nossa cabeça com a inscrição: FRACASSO.

Nessas horas, eu sei, não é fácil se manter são, olhando para a frente com serenidade e paciência. Vivemos em uma sociedade com baixa tolerância ao erro. Somos cobrados o tempo inteiro a atingir perfeição e sucesso. O problema é que tudo isso é fantasia. E que bom ser assim, porque é exatamente nesse gap do que não deu certo que encontramos espaço para crescer.

A mentalidade da Performance Holística prega a ideia de que é mais importante errar no campo de batalha do que passar a vida fugindo dos combates ou estagnado no mesmo lugar. As frustrações sempre existirão, e são importantes para o processo de aprendizado. É aquela história: você nunca perde ou ganha, mas aprende.

Assim como na infância, na vida adulta você vai passar por bloqueios que precisam ser ressignificados para dar um novo sentido ao seu caminho. O que você enxerga como falha deve ser encarado como um desequilíbrio da mente para ajudar você a se readaptar e subir de nível. Para isso, você vai precisar mudar esse ângulo de percepção acerca das frustrações e direcionar sua energia para o futuro. Ou seja, aprender a fazer as pazes com o passado para limpar a alma e estar pronto para viver o novo.

Isso é a natureza, por essência, do ato de "ressignificar". Como o próprio nome sugere, ressignificar é atribuir um novo sentido a um acontecimento, sentimento ou situação vivida. A Performance Holística reconhece a importância dessa prática e utiliza suas vivências anteriores como um trampolim para orientar você a atingir um patamar mais alto. Chegou, portanto, a hora de ressignificar e visualizar todas as experiências que fizeram mal a você para dar um novo sentido a elas.

> As frustrações sempre existirão, e são importantes para o processo de aprendizado. É aquela história: você nunca perde ou ganha, mas aprende.

Ative o melhor da sua mentalidade

Exercício 6	Ressignifique o que lhe fez mal

Faça agora o que digo, está bem? Tome um copo de água e sente-se em silêncio em um local tranquilo. Feche os olhos, acalme os pensamentos e busque conectar-se consigo. Quando sentir que está relaxado e concentrado, imagine-se saindo do seu corpo, como uma espécie de duplicação: olhe para seu Eu do passado, estenda a sua mão direita e cumprimente, como se estivesse apertando a própria mão.

Então, dê um abraço bem forte nesse Eu, segure-o com força o máximo de tempo possível e sinta sua voz falando ao seu ouvido como um juramento: "Você é gigante e forte, venceu difíceis batalhas. Foi obrigado a engolir muitas coisas. E, por isso, agora está preparado para viver o extremo, a abundância, a prosperidade, a liberdade espiritual – e, se for preciso, o desequilíbrio de todas as coisas –, para encontrar o sobrenatural".

Ao terminar, liste em um papel todas as recordações de acontecimentos que você gostaria de ressignificar. Por mais doloroso que seja pensar nessas coisas – algumas talvez estejam escondidas há anos debaixo de um tapete imaginário –, traga cada uma delas à tona e diga para si que está disposto a fazer desse passado apenas um baú de memórias, incapaz de lhe causar sofrimento.

Decida, neste momento, redesenhar o próprio caminho. Agradeça por tudo o que viveu, peça perdão a si mesmo por ter feito escolhas equivocadas e chame para si a responsabilidade de continuar vivo, atento e forte para o que ainda virá. Não tenha dúvidas: todas as experiências de sua vida foram necessárias para criar em você uma mentalidade mais forte e que agora está pronta para ser ativada por meio da Performance Holística. Vamos ao passo seguinte?

Procrastinação e autossabotagem

As frustrações e os fracassos da vida adulta muito frequentemente andam de mãos dadas com dois comportamentos que prejudicam a performance das pessoas: a procrastinação e a autossabotagem. Resolvi abordar os dois juntos neste tópico por acreditar que, por serem práticas interligadas, podem ser aniquiladas de uma só vez.

É tudo uma questão de desequilíbrio

Antes, vamos aos conceitos. Procrastinação é o ato de deixar tudo "para amanhã"; é passar para depois aquilo que poderia ser resolvido, adiando uma possível solução. Acredito que a procrastinação, muitas vezes, vem do medo de dar o próximo passo ou pelo temor do julgamento a que aquela ação estará submetida, ou até mesmo pela insegurança de realizar uma tarefa e não saber qual será a aceitação dela.

A falta de ação também está ligada à maneira como nos enxergamos e àquilo que acreditamos que somos ou não capazes de conseguir. Assim, a problemática se instala a partir do momento em que não sabemos exatamente aonde queremos chegar ou qual é o propósito final dessa possível situação.

Uma das maneiras de burlar a procrastinação é planejar por etapas aquilo que se pretende fazer, pois essa "ritualização" reduz a chance de deixar as coisas para amanhã. Por isso, você precisa – caso o hábito de procrastinar faça parte da sua vida – ter clareza do resultado final pretendido e alinhar as expectativas para desfrutar de todas as fases do processo e reconhecer cada microrresultado.

A grande sacada, porém, quando falamos desse obstáculo, é desenraizar a autossabotagem. E aqui vamos para mais uma explicação: autossabotagem é tudo aquilo que acionamos em nós mesmos para atuar como empecilho para a realização do que desejamos; são os pensamentos negativos que passam despercebidos e nos impedem de atingir um objetivo – e nos levam também a deixar tudo para amanhã.

Acredito que chegamos a um momento da leitura em que você já tem maturidade suficiente para confrontar esse problema, não é? É muito mais construtivo compreender e fuzilar esses pensamentos do que empurrá-los para debaixo do tapete e viver para sempre em um ambiente de falso encanto. Afinal, com o tempo, os resultados falarão por você.

Perceba que os acontecimentos deixam os elos abertos para se encaixarem e virarem uma sinérgica reação em cadeia. Se eles não forem fechados conforme esperado, o tempo passa, as frustrações aumentam e aquela força de vontade parece ficar cada vez mais distante de aparecer. Muitas pessoas têm o hábito de dizer: "Eu tenho força de vontade. Por que as coisas não acontecem comigo?".

Ative o melhor da sua mentalidade

É simples. Vamos analisar a expressão "força de vontade". Força é a quantidade de energia empregada para atingir um objetivo; já vontade é o desejo de conquistar alguma coisa. Então, a força de vontade pode estar na cabeça das pessoas como algo superficial que surge pelo simples fato de se pensar em agir. Existem dias, porém, nos quais a vontade está presente, mas a força, não. Utilizar-se desse pretexto é deixar o cérebro na função de equilíbrio por não querer ativar o que vai dar mais trabalho para funcionar.

Agora que você entende isso, é a hora do basta. Procrastinação e autossabotagem não fazem parte de quem vive a Performance Holística. Ver apenas o lado negativo das coisas, ter medo constante de errar, adiar tarefas importantes, insistir em ser autossuficiente e se comparar demais com os outros – diminuindo-se o tempo todo – são atitudes que não devem mais fazer parte da sua vida. A coragem precisa se sobrepor a ponto de o medo ser apenas o motivador que lhe levará adiante.

Transforme seu medo em coragem

Outra frase que você já deve ter ouvido muita gente falar é: "Não tenho medo de nada". Esse é um pensamento que não tem fundamento, pois o medo é algo intrínseco ao ser humano. Trata-se de uma emoção que, inclusive, tem função de autopreservação, na medida em que, quando ativado, nos leva a buscar segurança e autopreservação. A ausência de medo, portanto, é uma mentira ou uma disfunção – seu excesso, em contrapartida, é considerado covardia.

O medo deve ser utilizado como uma cama elástica que impulsiona você a visualizar um novo cenário de aprendizado. Ainda que sua reação natural seja ficar paralisado diante de algo assustador, é imprescindível pisar com força, a fim de obter êxito nos próximos passos. Se você parar e analisar o mecanismo de ação de uma cama elástica, verá que, quanto maior a força aplicada nela, maior será o impulsionamento para atingir o lugar mais alto. Na vida não poderia ser diferente: quanto mais você usar o medo como propulsor da coragem para atingir a grandeza, maiores serão os resultados alcançados.

É tudo uma questão de desequilíbrio

Não quero forçar comparações, muito menos fazer com que você se sinta medroso. No entanto, se pesquisar a história de grandes *players* que se destacaram por terem alcançado resultados incríveis ao longo da vida, você vai se deparar com comportamentos corajosos e atitudes arriscadas, momento em que a coragem para sobrepor o medo foi necessária.

Costumo dizer que grande parte do "sucesso evitado" pelas pessoas vem da falta de energia de ir em busca de conhecimento associada à falta de coragem. Em muitas situações, tudo o que você precisa para elevar sua performance é um sopro de coragem sussurrando ao pé do ouvido: "Pode ir. Vai dar tudo certo. E, se não der, você teve a coragem que muitos não tiveram".

O medo não pode tirar de você a oportunidade de atingir o ápice de sua potencialidade. Isso seria vendar os olhos para aquilo que você foi criado para viver. Por essa razão, a coragem, assim como todo comportamento, deve ser treinada e utilizada em cada momento necessário no campo de batalha que é a existência humana. Para isso, você deve estar disposto a entrar no jogo.

Não é preciso, deixo claro, atirar tudo para o alto e agir com irresponsabilidade, afinal isso não é sinônimo de coragem. Você deve, sim, se planejar estrategicamente; atuar menos como um camicase suicida e mais como um *sniper* que prepara o tiro certeiro para combater o oponente. E, veja bem, nenhum atirador de elite começa a carreira com uma arma de forte precisão; são necessários treinamentos com variados tipos de projéteis para treinar a mira e sentir o controle da direção. Portanto, calcule o alvo que quer atingir, treine arduamente, saiba se proteger e defina um plano de crescimento pessoal.

Você não nasceu para passar a vida tomando tiros e sendo atingido por todos os lados, quando, na verdade, tem um grande potencial em mãos. Por isso, a coragem deve ser exercitada diariamente; basta acreditar em si. Você já tem os equipamentos necessários para vencer a batalha e ser o comandante das próprias ações. Se der medo, vá com medo mesmo. Os resultados sempre vêm.

O medo não pode tirar de você
a oportunidade de atingir o ápice
de sua potencialidade.

É tudo uma questão de desequilíbrio

Case | **Michelle atingiu a performance holística com a gestão da mentalidade**

Michelle, 29 anos, cresceu com ausência da figura paterna. Criada pela mãe, que sempre se preocupou com sua estabilidade financeira, ela precisou de muita resistência para conseguir atuar profissionalmente naquilo que sempre sonhou: Educação Física. Além desse obstáculo social, Michelle precisou conviver com a tentativa inconsciente da mãe de transferir para ela alguns traumas sofridos no passado.

A falta do pai levou Michelle a desenvolver um bloqueio com figuras masculinas, minando as possibilidades de ela se relacionar amorosamente. Após identificar que esses desequilíbrios prejudicavam sua vida pessoal e sua carreira, ela resolveu buscar a Performance Holística para utilizar esses desafios como combustível de transformação.

Após entender os comportamentos de Michelle e como essas crenças haviam se cristalizado na mentalidade dela, combinamos a seguinte estratégia: ela devia ficar mais isolada momentaneamente para tentar se reconectar com os próprios pensamentos e sentimentos. Michelle tinha uma rotina sempre agitada e embates diários com a mãe, por isso precisava de tranquilidade para aquietar a mente e entrar de coração em um período de transição para uma nova consciência sobre si.

Após alguns dias, traçamos um plano para atuar diretamente nos pontos críticos que faziam Michelle se enxergar de maneira depreciativa e desconfiada. Tentamos estabelecer algumas práticas diárias de autocuidado focadas em blindá-la dos diálogos difíceis com a mãe – que também vivia dolorosos conflitos internos –, além de algumas pequenas mudanças comportamentais para que ela conseguisse se abrir mais a novos relacionamentos.

Michelle também foi treinada na Performance Holística a entender que ela é responsável somente pelo próprio presente e futuro; que não cabia a ela mudar a mentalidade da mãe ou seu comportamento perante o mundo. Explico isso porque muitas pessoas, quando estão passando por um momento de transformação, acreditam que têm o poder de mudar quem está ao redor. Isso é um equívoco. Cada um tem seu ritmo e nem todo mundo está disposto ou preparado para encarar uma mudança profunda.

Ative o melhor da sua mentalidade

No entanto, é natural que, à medida que você evolui, as pessoas do seu convívio também se inspirem, mesmo que minimamente, a melhorar suas performances.

Durante os meses de nossa mentoria na Performance Holística, Michelle foi colocada à prova incontáveis vezes dentro de casa e no trabalho. Ela precisou de muita coragem, perseverança e resiliência para se manter vigilante e focada no resultado. E ele veio: ao fim do processo, ela era capaz de entender de onde vinham crenças, hábitos e medos, bem como os padrões maternos que reproduzia. Sem julgamentos, percebeu que ser empática era o melhor caminho para viver sua transformação em paz.

A nova formatação da mentalidade e percepção sobre como é possível ressignificar padrões também ajudou Michelle a melhorar a relação com seus alunos nas academias de ginástica – afinal, hoje ela tem mais segurança profissional atuando na área que sempre almejou. Ela passou a utilizar o que aprendeu para identificar de maneira mais assertiva as reais necessidades e os bloqueios de quem a contratava para conquistar um corpo mais bonito, mas acabava descobrindo uma dimensão muito mais profunda dessa busca.

Além disso, hoje Michelle estabeleceu uma relação de convívio harmoniosa com a mãe. Tornou-se, também, uma mulher mais produtiva, independente e realizada internamente. Em paralelo, passou a alimentar sua fé e, até onde sei, encontrou uma pessoa para completar sua vida amorosa.

CAPÍT

ULO 7

E cá estamos nós, enfim, no capítulo que considero o mais difícil e intenso de escrever. Até chegar às linhas que você vai ler a seguir, caro leitor, foram muitas reflexões, questionamentos, orações e, confesso, devaneios. Porque não é fácil falar de uma espiritualidade vivida no cotidiano, mas distante da religião; explicar uma fé ancorada em um pensamento que nos conecta ao divino e, ao mesmo tempo, é livre de qualquer dogma ou pré-conceito estabelecido. Nossa sociedade gosta de rótulos – e isso está cada vez mais evidente –, por isso é tão complexo abordar o que nos movimenta nas profundezas do espírito sem cair nos lugares--comuns defendidos pelas religiões.

Há, no entanto, algo que me fez ficar confortável para escancarar aqui o que penso e sinto quando falo da importância de trabalhar a espiritualidade como pilar para o (des)equilíbrio da vida: a certeza de que a comunhão com Deus não tem regras ou denominações; não há receitas, metas, planos ou medições.

A comunhão, quando verdadeira, é perfeita, agradável e traz um tipo de paz que excede qualquer entendimento. E isso independe de como você nomeia Deus. Há quem chame de Criador, Grande Espírito Divino, Força Superior, Universo, Natureza... Não importa como você chame, desde que acredite em algo além do plano terrestre que é capaz de transbordar nosso espírito com esperança e fé.

É tudo uma questão de desequilíbrio

Quando comecei a planejar este capítulo, pedi ao Espírito Santo que me guiasse e me ajudasse a trazer apenas informações capazes de edificar as pessoas em seus processos de intimidade com Deus. Senti que fui acompanhado por essa presença, então deixei emergir de mim tudo o que me transformou em um homem mais espiritualizado e com sede de crescimento na fé. Abri meu coração e me permiti experimentar uma vida conectada ao Criador.

Ao longo desta obra, citei várias situações que envolvem pessoas, ambientes e ocasiões vividas somente na dimensão horizontal. O que isso quer dizer? Que, no mundo em que vivemos, aquele real no qual podemos tocar, e que está à frente dos nossos olhos, tudo existe em sentido horizontal: as relações acontecem entre pessoas em todas as direções, muitas vezes de modo desordenado e confuso. Em contrapartida, a relação com o Espírito é vertical, pois vem de cima. Estamos sempre no foco de Deus, recebendo pela graça tudo o que podemos ser e ter. E Ele nunca erra "o alvo", acredite.

Quando estamos abertos a ouvir o que Deus tem a nos dizer, a palavra Dele sempre chegará aos nossos ouvidos. Talvez, principalmente nas situações em que estiver atravessando um grande deserto pessoal, você se sinta abandonado. *Será que existe mesmo alguém lá em cima olhando por mim?*, você pode se perguntar com angústia. E a resposta é "sim", há uma força suprema regendo os movimentos da humanidade, mesmo quando tudo parece caótico ou equivocado.

A única maneira, no entanto, de acreditar nisso é perseverar na fé e se deixar conduzir pelo Espírito Santo. Intimidade pressupõe partilha, conversa, troca constante e enriquecedora. Então, quanto mais confidentes forem os seus momentos de conversa com o Criador, maior será a certeza de que você nunca estará sozinho.

Às vezes nos sentimos carentes da presença de alguém para nos confortar. Sentimos o coração quebrado, amargamos o peso da solidão. Colocamos expectativas demais em outras pessoas que não conseguem nos corresponder na mesma proporção, seja porque não têm vontade de nos suportar na hora da angústia, seja porque elas também estão vivendo suas guerras internas. Por outro

Abra a porta para Deus

lado, quando se tem uma verdadeira conexão vertical, o sentimento de paz permanece presente. Ainda que você esteja no meio da escuridão, há uma pequena chama capaz de iluminar os arredores e trazer orientação sobre o melhor caminho a seguir.

Se você tem uma relação distante com Deus, ou não acredita que esse tipo de intimidade possa existir, vá por mim, Ele só está esperando você abrir a porta. Costumo dizer que Deus não é mal-educado. Ele não força a barra ou invade espaços, mas espera ser chamado para que, somente assim, possa entrar, instalar-se na sua casa e ser sua companhia nos dias de luz e nos de sombra. Quando isso acontece, você entende a razão de viver o presente, um dia de cada vez, sem atropelar o tempo ou se afundar em sofrimento.

Só existe uma maneira de se sentar no colo divino e se deixar ser envolvido pelos braços de travesseiro de Deus: a oração. Lembra-se da sua avó carola que mandava dobrar os joelhos e erguer as mãos para o céu? Ela tinha razão. Basta pedir com todo o coração que a conexão, pouco a pouco, começa a acender luzes e semear uma trilha de fé.

Você pode fazer um teste hoje mesmo. Antes de dormir, feche os olhos e imagine-se como se estivesse em um encontro com alguém que sempre quis o seu bem e conhece você desde a infância, ainda que, por alguns períodos, tenha ficado distante. Diga a essa pessoa algo como: *"E aí, como vai? Obrigado por cuidar de mim até agora e se manter presente em minha vida. Quero conhecer você melhor e contar sobre tudo o que está se passando comigo. Quero agradecer por você ter me livrado do pior e me colocado nos trilhos da abundância e do sobrenatural, mesmo quando eu não tinha consciência disso. A partir de agora, quero me esforçar para falar com você todos os dias; agradecer, pedir clareza e direção sobre quais caminhos devo seguir. Se for preciso, aja para que eu consiga sentir sua presença e me ensine a estar atento para ouvir sua voz. Também desejo colocar minha vida a serviço de outros para que performem com excelência no corpo, na mente e no espírito. Por favor, me ajude a perseverar e a não desistir".*

Pronto, essa é uma maneira sincera de fazer uma oração e se abrir para receber Deus em seus dias. Muitas pessoas ainda acreditam

É tudo uma questão de desequilíbrio

que, para rezar, é preciso saber palavras bonitas ou frases de efeito. Nada disso. A oração nada mais é do que uma conversa honesta com alguém em quem você deposita suas esperanças. Trata-se, portanto, de uma amizade em sua mais pura essência. Claro, como toda amizade, não devemos recorrer a ela apenas quando precisamos de ajuda, ou você se tornará aquele amigo que só liga para pedir dinheiro emprestado ou quando algo deu errado na vida.

Durante as orações, abra espaço para agradecer por todas as coisas recebidas em sua vida. Não somente as boas, mas sobretudo as ruins. Agradeça pelas turbulências e pelos desertos, pois são essas situações desafiadoras que, ao desequilibrar você, também o levam de volta ao eixo, de onde você pode partir quantas vezes for necessário em busca daquilo em que acredita. Agradeça a oportunidade de estar vivo e em movimento. Agradeça a natureza e por tudo o que nos cerca ainda que sequer mereçamos.

Também use seu tempo com o Criador para pedir perdão e se perdoar. Deixar ir toda a culpa que consome seu peito e sua energia. Aceite seus erros, coloque-se diante Dele com humildade e disposição, disponível para se arrepender e recomeçar. Acredite, nenhuma oração volta vazia. Sempre há algo de Deus que finca raízes em nossa alma, dando a todos nós a incrível oportunidade de experimentar a presença arrebatadora da graça divina.

No começo, orar pode até parecer uma prática estranha. Você pode se sentir desajeitado, sem ter muito o que dizer. As palavras vão sumir da sua boca e você achará que está dizendo alguma bobagem. Tente abstrair esses pensamentos e focar suas emoções apenas naquilo que deseja compartilhar com Deus. Apesar de conhecer anseios e angústias, Ele sempre espera que você dê um passo para mais perto. Um de cada vez, todos os dias. Como eu disse anteriormente, sem pressa, sem descanso.

Os três Ls da espiritualidade

Se você está se sentindo desconectado da vida espiritual e deseja mudar essa perspectiva, além da oração, precisará passar por um

Abra a porta para Deus

processo de limpeza interior. Tal como uma casa, é preciso eliminar da alma tudo o que não lhe serve mais e abrir espaço para o novo. Não há como colocar mais coisas em um local que já transborda tranqueiras e sentimentos antigos que precisam ser liberados ao universo. Você acha isso possível? Tenho plena certeza de que não. No entanto, como alguém que já esteve do outro lado, posso lhe assegurar que, apesar de parecer algo bonito nos livros, mas impossível na vida real, há uma maneira de começar a se transformar de dentro para fora.

O primeiro passo nessa caminhada é crer. Você precisa acreditar fielmente no seu desejo de vivenciar uma comunhão perfeita com o Criador. O segundo é mergulhar no que chamo de "Os três Ls da espiritualidade": **limpeza, libertação e livramento**. Quando acionadas de maneira conjunta, essas práticas têm o poder de despertar a alma para receber a graça de uma intimidade com o Criador. Em essência, elas formam um processo que causa um desequilíbrio interno para viver a Performance Holística em sua mais completa integralidade. Vamos analisar uma de cada vez.

1. Limpe a casa

Nossa casa é o reflexo da nossa vida: o que guardamos dentro da gente tem sempre um espelho no mundo exterior. Conheço pessoas que gostam de guardar muitas coisas sem serventia apenas para recordação. Não há problema em conservar itens que despertam memória afetiva, a questão é quando elas nos limitam e nos aprisionam nos momentos passados, impedindo que vivenciemos novas experiências.

Fazer uma limpeza na sua moradia ou até no seu ambiente de trabalho é um modo simbólico de abraçar a própria cura. É dizer a si mesmo que você deseja encontrar energia para iluminar seus ambientes internos – mesmo os mais secretos – e limpar também seus sentimentos. Por isso é muito importante, de tempos em tempos, fazer uma faxina geral e se desfazer de tudo o que não lhe convém mais. E isso vale para objetos sem utilidade, itens quebrados esperando há anos por conserto e até coisas emprestadas que devem voltar para seus donos.

> Acredite, nenhuma oração volta vazia. Sempre há algo de Deus que finca raízes em nossa alma, dando a todos nós a incrível oportunidade de experimentar a presença arrebatadora da graça divina.

Abra a porta para Deus

Faça isso o quanto antes. Tire um dia para organizar a casa, as gavetas e os armários. Se for muito para um único dia, faça um planejamento para cuidar de um espaço por vez. Depois de separar tudo o que será jogado fora, doado ou devolvido, higienize os cômodos. Aproveite para trocar o cheiro do ambiente, colocar plantas e trazer um pouco de natureza para perto. Se puder, compre pequenas fontes elétricas, para incorporar o barulho de água corrente.

Ter um lar em ordem ajuda muito a manter uma boa Performance Holística, uma vez que o espírito habita o corpo, e o corpo descansa em casa. Dentro da nossa residência, minha esposa e eu estipulamos algumas práticas para deixar circular uma energia leve e purificada. Não que isso seja uma regra, mas confesso que as pessoas que nos visitam sempre dizem que sentem uma energia muito boa na minha casa e que não têm vontade de ir embora.

Costumamos não permitir a entrada de bebidas alcoólicas em excesso quando reunimos amigos. Os mais próximos já sabem que não curtimos nada além de um consumo social de vinhos e cervejas artesanais. Drogas ilícitas também são terminantemente proibidas, tendo em vista que esse tipo de vício baixa não somente a consciência e a frequência individual como também a energia do local.

Outra prática é estar muito atento para impedir fofocas em nossa casa – algo mais difícil de conter, porque parece ser um dos males sociais modernos. No entanto, sempre que alguém começa a "destilar veneno" contra uma pessoa em sua ausência, minha esposa e eu damos um jeito de mudar de assunto.

Nossa, Diogo, isso parece ser chato e limitante para o dia a dia, aposto que você pensou algo do tipo. Eu garanto, porém, que é extremamente prazeroso e fácil viver em um ambiente totalmente livre desses maus hábitos. E isso faz grande diferença na limpeza do espírito. Vou deixar algumas dicas que podem ser úteis para trazer esse tipo de ordem interna e externa:

1. Doe tudo aquilo que não tem mais utilidade pra você.
2. Devolva coisas emprestadas.
3. Jogue fora coisas quebradas que não têm conserto.

É tudo uma questão de desequilíbrio

4. Faça uma faxina nos cômodos, nos armários e nas gavetas.
5. Mude móveis e objetos de lugar para transformar o ambiente.
6. Coloque plantas nos cômodos.
7. Fontes com barulho de água são bem-vindas.
8. Elimine papéis, pastas e documentos antigos que não têm mais utilidade prática.
9. Sempre que possível, coloque boas músicas ambientes.
10. Selecione bem as pessoas que vão se sentar à mesa com a sua família.

2. Libere o perdão

Sentimentos de ódio, rancor, repulsa ou outros que nos levam a deitar todos os dias pensando de maneira negativa deixam o espírito carregado. Portanto, assim como precisamos fazer uma faxina em nossa casa de tempos em tempos, também devemos usar o perdão para limpar a alma de todo peso desnecessário. Perdoar é uma atitude nobre e mostra alto grau de maturidade.

Sei que não é fácil simplesmente começar a distribuir perdão a todas as pessoas que nos machucaram. Sei que é desafiador pensar na ideia de colocar o orgulho no chão e livrar a culpa do outro em relação à nossa vida. Sei também, porém, que, quando somos capazes de perdoar alguém por um mal causado, entendemos nosso papel de seres errantes e falhos, e nos desapegamos de culpas e sensações de fracasso.

Como qualquer pessoa, podemos desagradar os outros, ser mesquinhos, desonestos, mentirosos. É somente com o auxílio diário do autoperdão que conseguimos seguir em frente e pedir desculpas a quem magoamos e perdoar quem nos ofendeu.

Tendemos a levar para o lado pessoal uma ofensa que nos é dirigida. Isso é natural da humanidade. No entanto, a partir do momento em que tomamos o desagravo como verdade irrefutável, cravamos realidades que só consideram um lado da questão: o nosso. Essa certeza nos impede de avançar em uma evolução individual mais profunda, pois nos mantém presos ao passado.

Abra a porta para Deus

Quando uma pessoa agir de má-fé com você, tenha em mente que: isso diz mais sobre ela do que sobre você. É o que chamo de Poder de Projeção, um princípio no qual o ser humano atribui a outra pessoa os próprios sentimentos e motivações. Quando se tem maturidade para deixar o orgulho de lado, é possível identificar esse comportamento e ter discernimento para não trazer essa energia destrutiva para o seu interior. Liberar o perdão imediato significa não aceitar que qualquer mal alheio permaneça dentro de nós.

Algo que me questionam sempre é: "Como posso perdoar alguém com quem não tenho mais contato? Essa pessoa pode não reagir como eu gostaria, então tenho medo de estabelecer algum tipo de conexão novamente". Um ponto importante, nesse caso, é ter consciência de que o ato de perdoar partiu da sua vontade pessoal de liberar essa energia que consome negativamente o seu dia. É você quem está em busca de potencializar sua Performance Holística, portanto não crie expectativas em relação às reações do outro.

Gosto de reforçar isso porque, às vezes, as pessoas criam coragem de estabelecer contato com alguém para resolver um mal-entendido do passado, mas o resultado não sai conforme o esperado. Tente não se apegar a isso. Mais importante do que ter a certeza de que alguém perdoou você é saber que seu coração está livre de qualquer sentimento de culpa. Acredite: essa sensação não somente libertará seu espírito como também mudará o modo como você se relaciona com o mundo.

E para ajudar você nesse processo, deixo as seguintes dicas para quem desejar estabelecer um ponto de partida a caminho do perdão:

1. Se não tiver coragem de falar pessoalmente (ou estiver distante fisicamente), envie uma mensagem de texto, um e-mail ou até mesmo uma carta. Para muita gente, escrever é mais fácil na hora de abrir o coração e conseguir transmitir o que deseja. A única regra é: expresse seu perdão sem ofensas e com amor.

É tudo uma questão de desequilíbrio

2. Se você se sentir confortável, faça uma ligação. Não tenha receio de estabelecer uma comunicação leve e honesta, sem deixar as emoções tomarem conta de tudo o que deseja dizer. Pode parecer difícil, mas passados os instantes iniciais, você verá que, quando há verdade, a conversa flui.

3. Caso não queira de maneira alguma ter contato com a pessoa que magoou você, mas deseja perdoá-la, tente liberar esse sentimento a partir do seu interior. Faça uma oração por ela e peça a Deus que cuide dessa relação da maneira mais apropriada. Você pode dizer, por exemplo: "Senhor, gostaria, de todo o meu coração, de enviar amor para aquele que um dia me causou mal. Quero viver livre desse sentimento que, por muito tempo, arruinou a minha vida e roubou a minha paz. Ajude-me a transformar esse desejo em um sentimento real e sincero".

3. Livre-se de pendências

O terceiro L da espiritualidade é do livramento. Quando falo de livramento, incluo tudo aquilo que tem impedido sua Performance Holística de ascender para o próximo nível. Em resumo, trata-se de eliminar os fardos que não pertencem mais a você e de se permitir viver livre dessas pendências de uma vez por todas. Aqui entram as tarefas que estão sendo deixadas para amanhã, as burocracias com as quais não gostamos de lidar e vamos empurrando com a barriga, e até o convívio com pessoas de baixa energia.

Toda ação de livramento exige coragem na tomada de decisão, portanto, oriento meus clientes a investir tempo analisando o que verdadeiramente deve ser cortado da vida. É comum, nesse momento, ficar preso à ideia de perda do que será deixado para trás. O medo do desconhecido, a falsa sensação de segurança e a necessidade de controle tendem a nos impedir de seguir adiante. O desafio, então, é tentar mudar o foco e, em vez da perda, concentre-se nos benefícios que podem ser conquistados após um livramento.

Sabe a história de ver o copo metade cheio? É disso que estou falando: aprender a enxergar as coisas de sempre com um olhar

Abra a porta para Deus

inteiramente novo. É entender que uma performance espiritual intensa – integrada a uma performance do corpo e da mente – ajuda a abrir caminho em direção aos seus propósitos de vida da maneira mais consciente possível.

Muitas pessoas quando escutam falar de desenvolver a espiritualidade têm dificuldade de entrar no tema para adquirir esse aprendizado. Tal resistência vem das crenças instaladas por religiões, tendo em vista que cada comunidade tenta defender os próprios conceitos sobre a divindade. Claro, existem milhares de pensamentos diferentes e muitas pessoas podem discordar deles. Por isso, reforço que o mais importante é esquecer qualquer dogma e se concentrar apenas na essência do Criador, essa figura divina que nos conecta com nossas entranhas espirituais mais profundas. Alguns passos podem auxiliar você nesse processo:

Passo 1: Seja grato

Independentemente do momento pelo qual você está passando ou de tudo o que já vivenciou até aqui, exercer a gratidão ajuda a alimentar o espírito de perseverança. Se você está vivo e chegou até aqui, tem muitos motivos para agradecer. Claro, há dias difíceis, em que todos os pensamentos parecem ser destrutivos e desesperadores, portanto aí dentro de você há muitos mecanismos se empenhando para suportar a sobrevivência. Sua respiração está ativa, seu coração pulsa, seus órgãos estão trabalhando duro por você.

Pare um pouco para analisar esse milagre da vida e seja bondoso consigo. Elogie suas qualidades, sorria no espelho e agradeça por tudo, mesmo pelas situações mais desafiadoras do momento. O Criador tem um propósito de tornar você mais forte, resiliente e próspero. Você precisa se apropriar disso para aproveitar as oportunidades que encontrará no caminho.

Passo 2: Alimente sua fé

A fé é a certeza daquilo que não vemos. São tantas as barreiras colocando nossa fé à prova, não é mesmo? Criamos expectativas em projetos que nem sempre vão para a frente, em pessoas que nos

É tudo uma questão de desequilíbrio

decepcionam; projetamos cenários imaginários que nem sempre se concretizam como desejamos... Mas alimentar a fé é continuar seguindo apesar de tudo isso.

Ainda que nosso planos sejam frustrados, pela fé podemos ter a certeza de que há um Deus ao nosso lado. Não basta, porém, ter fé e cruzar os braços, esperando uma conspiração favorável dos céus. Além de crer, você precisa fazer sua parte com inteligência, sabedoria e paciência.

Se você anda descrente dessa força, experimente dar uma chance para a sua fé. Tente voltar a acreditar em algo além do seu entendimento humano e agir na direção dos seus sonhos. Sempre será mais fácil acreditar em algo palpável e diante dos seus olhos – e até mesmo naquilo que as pessoas dizem ser verdadeiro –, no entanto, romper essa barreira entre você e o seu SER espiritual vai encorajá-lo a dar passos maiores e, sobretudo, sentir que está trilhando o caminho certo.

Passo 3: Orai e vigiai

Como já disse anteriormente – mas nunca é demais reforçar –, o caminho para Deus se dá pela oração. Esse é o instrumento pelo qual você agradece, pede discernimento e perdão ao responsável pela criação de tudo. A oração tem o poder de aproximar e poten-cializar essa conexão espiritual. E não há fórmulas secretas para isso, basta conversar com Ele de maneira sincera e com disposição para receber o que Ele devolver. Se quiser saber se sua maneira de orar está correta, guarde esta informação: a oração que funciona é aquela que nasce no coração. Deus não julga, não mente, não esconde e está sempre de braços abertos para você.

Outra prática importante na manutenção da fé é a vigilância. Vigiar significa estar atento, prestar atenção a tudo aquilo que nos circunda. E isso vale não somente para o que nossos olhos enxergam, mas também diz respeito sobretudo aos pensamentos. Muitas vezes pedimos, em oração, orientações, sinais, clareza, dire-cionamento, sabedoria, entre outras coisas. Acabamos nos esque-cendo, porém, de prestar atenção ao mundo e a nós mesmos. Então, quando as coisas acontecem acabam passando despercebidas, e

Mais importante do que ter a certeza de que alguém perdoou você é saber que seu coração está livre de qualquer sentimento de culpa.

É tudo uma questão de desequilíbrio

achamos que Deus não responde às nossas orações. No entanto, estamos tão ocupados – seja por causa de compromissos ou atribulações diárias – que nos esquecemos de abrir os olhos e ouvidos para perceber o agir do Criador.

O mundo sempre carregará distrações, ofertas e situações que podem fazer você sair do seu centro espiritual. Além disso, lembra-se do nosso "amigo" cérebro? Ele às vezes envia comandos em forma de pensamentos, capazes de nos tirar do eixo e abalar o sinal da nossa conexão espiritual. Por isso é preciso praticar o "orai e vigiai" e impedir que essa frequência baixe e prejudique a integralidade da Performance Holística.

Passo 4: Pratique o amor e a empatia

Somos seres humanos e por isso estamos a todo momento julgando alguém ou sendo julgados. Esse movimento carrega um grande desperdício de energia, que volta de maneira destrutiva para nosso espírito. Ter empatia e transbordar amor não apenas para si, mas também para o próximo, é um antídoto para sair desse círculo vicioso. Entretanto, dificilmente alguém consegue colocar isso em prática se o próprio espírito não estiver livre de tranqueiras emocionais. Conhece aquele ditado "A boca fala do que está cheio o coração"? Significa que é impossível dar ao outro aquilo que não temos. Para ter um olhar de consideração pelo outro e emanar somente o bem, é preciso, antes, cultivar esses sentimentos em nós mesmos.

Quantas vezes não fomos abalados de maneira profunda e, como mecanismo de defesa, rapidamente devolvemos com julgamentos e críticas ainda maiores? Claro, isso é da natureza humana. Porém, quando estamos com o "vigiai" no modo ligado, somos capazes de ouvir uma crítica ou um julgamento com mais consciência e, assim, não reagir de maneira instintiva, destilando o veneno de volta.

É preciso estar atento a isso, pois qualquer tropeço pode ser um abalo em sua conexão espiritual. E quanto mais conectado você estiver – e quanto mais conhecer a própria essência –, menos será atraído por qualquer energia negativa ou instinto de devolver o mal com o mal. Não espere do outro aquilo que você não é capaz

Abra a porta para Deus

de fazer de modo genuíno. Se tiver amor para dar, por que disseminará o ódio? Se sabe a dor que pode causar em alguém, por que fazer uso desse "poder" e experimentar do pior da vida? Em caso de dúvidas, coloque-se no lugar do outro e questione a si mesmo: "Eu desejaria esse sentimento para mim?". Se não, fortaleça-se na oração, peça a Deus sabedoria e força para seguir em frente sem se desviar de sua fé.

Provavelmente você já passou pelo constrangimento de dar um "bom-dia" a alguém e não receber resposta alguma. Na hora, bate um sentimento ruim, uma raiva da pessoa. *Que falta de educação*, *Que gente mal-amada*, *Merece ficar sozinho na vida*, são alguns pensamentos reativos que surgem nessas situações. Eu também costumava reagir assim quando sentia que minha delicadeza era ignorada. Fui assim até entender que praticar a empatia era a única maneira de não deixar esses episódios me desestabilizarem por um segundo sequer. Deixei de xingar as pessoas mentalmente e troquei por "Talvez elas estejam em um dia ruim".

Pode parecer bobagem, mas essa simples mudança de pensamento me levou a viver mais em paz. Parei de desperdiçar energia com coisas sem importância e passei a tentar trazer mais amor para os meus dias. Hoje, sempre que alguém me trata com o que parece ser má-educação, grosseria ou indiferença, peço a Deus que abençoe aquela pessoa e leve tranquilidade para o coração dela. Não quero dizer que sou bonzinho ou algo do tipo, mas que tento todos os dias não me alimentar de nenhum sentimento que interfira em minha plenitude espiritual.

Julgar o próximo é algo natural do ser humano. No entanto, se desejamos viver a Performance Holística em sua potência máxima, devemos ser o instrumento que quebra essa corrente de baixa frequência e negatividade. Nosso desafio é fazer da entrega de amor um exercício ininterrupto na busca por ser pessoas melhores e mais solidárias com quem está a nossa volta. Quando você se apropriar dessa prática e experimentar a força que volta desse movimento de afeto, respeito e consideração, terá dado muitos passos na sua evolução espiritual e também na consciência do seu papel no mundo.

É tudo uma questão de desequilíbrio

Case — Diogo Franco, eu mesmo

Quero contar a você um pouco de como o crescimento espiritual revolucionou minha vida e tem, a cada dia, contribuído para os desafios que enfrento e para as conquistas que almejo. Para isso, vou voltar uns anos na minha história, quando eu era somente um garoto.

Durante a infância, antes de dormir, meus pais sempre rezavam comigo a oração do Pai-Nosso como maneira de agradecer e pedir proteção. Adotei esse hábito na juventude e o mantive até os 18 anos, quando resolvi sair de casa e morar sozinho. Naquela época, quando eu ainda engatinhava na vida adulta, a prática espiritual ou religiosa não era uma das minhas prioridades. Eu chegava cansado do trabalho, me deitava na cama, ligava o modo "oração automática" para agradecer ao Criador pela oportunidade de viver mais um dia e apagava. Não havia nenhuma intenção de estabelecer uma conexão profunda com Deus.

Com o passar dos anos e o acúmulo das tribulações da vida, comecei a ficar com o espírito pesado de coisas ruins. A convivência em ambientes carregados e com pessoas tóxicas contribuía para aumentar esse fardo. O curioso é que sempre tive sensibilidade para identificar quando eu estava de alguma maneira sendo afetado por energias negativas, mas na minha cabeça bastava esperar um novo dia chegar e meu espírito estaria novo e leve novamente. No entanto, não funciona bem assim, como vocês podem imaginar.

Meu ponto de virada veio quando terminei um namoro sem entender direito por que aquilo estava acontecendo. Eu me sentia tranquilo, a vida profissional estava indo bem e meu relacionamento amoroso nunca havia passado por nenhuma situação turbulenta que nos levasse a desejar uma separação. De modo repentino, porém, as coisas ficaram mornas e minha namorada e eu tivemos uma conversa difícil em uma manhã de domingo. Achamos melhor parar por ali uma história de três anos porque já não havia mais motivos para continuar.

Aquela situação de desequilíbrio acendeu uma luz de alerta dentro de mim. Se tudo parecia bem, por que eu não estava exatamente feliz? Por que havia ficado tão desatento a ponto de não notar a desconexão com alguém que eu amava se instalando em nossa vida? Eu não tinha respostas. Decidi, então, ficar um tempo sozinho, pensar em tudo o que tinha vivido e experimentado desde a saída da casa dos meus pais tantos anos atrás.

Nesse mergulho dentro de mim, percebi que, de tanto me ocupar no trabalho e com coisas da vida, eu deixei de buscar em Deus a orientação para seguir meu caminho. Foi quando desejei, de todo o meu coração, encontrar uma conexão espiritual para me guiar e me fortalecer. Tomei a decisão de colocar em prática tudo o que você leu até aqui neste livro. Mudei meus relacionamentos interpessoais, dediquei mais tempo para oração e meditação, e passei a frequentar uma igreja com a qual me identifico.

Foram meses limpando meu espírito, meu corpo e minha mente em busca de evoluir em minha mais plena integralidade. Durante esse período, pude entender que alguns comportamentos meus foram os responsáveis por fazer meu relacionamento esfriar. Então uma das primeiras atitudes que tomei foi procurar minha namorada para reatarmos o relacionamento. Para minha sorte, ela compreendeu minha mudança e aceitou recomeçar nossa história. Hoje ela é minha esposa, Sthefanie Franco, a mulher que me escolheu para ser seu par nessa jornada da vida.

A descoberta de uma intimidade com Deus me transformou em todas as esferas e abriu meus olhos para uma nova visão sobre mim e sobre o mundo. Passei a ter clareza do que desejo e daquilo que não me cabe mais. É impressionante ver o movimento divino quando estamos em comunhão com Ele, pois as pessoas com as quais não fazia mais sentido eu me relacionar, por exemplo, começaram a se distanciar.

Para a minha surpresa, meus negócios cresceram exponencialmente. Hoje enxergo como eu era um homem de pouca fé, cujos sonhos profissionais e pessoais eram muito pequenos perto daquilo que estava preparado para mim quando eu me entregasse para essa conexão espiritual.

Não quero dizer, com isso, que uma vida com Deus é uma vida sem problemas. Situações desafiadoras, questionamentos, falta de dinheiro, perdas, morte, doenças e preocupações sempre existirão, mesmo para aqueles que creem. A diferença é que, quando se está ligado verdadeiramente a Ele, existe a certeza de não estar sozinho. E acredite: se você cair, sempre haverá uma mão amparando você e o ajudando a ficar de pé novamente.

CAPÍT

ULO 8

PERFORMANCE HOLÍSTICA NA PRÁTICA

Quando criei o conceito da Performance Holística – para recapitular: usar o desequilíbrio, intencional ou não, do corpo, da mente e do espírito para atingir um alto nível de resultados e conquistas –, propus o pensamento disruptivo de que temos de viver, a todo momento, buscando a integralidade dessas frações. O objetivo de se atirar nesse processo é se cercar das melhores condições e recursos internos para alcançar a abundância. E não falo apenas de abundância financeira – como a maioria das pessoas pensa de imediato –, mas da abundância em todos os aspectos, que aflora para quem ousa conhecer a si mesmo de maneira mais profunda.

Creio que, em vários pontos da leitura deste livro, você deve ter parado para refletir sobre sua vida, seus comportamentos e suas ações. Alguns desses episódios provavelmente provocaram um desequilíbrio do pensamento natural e automático que você tinha até hoje. Minha teoria é que, ao desenterrar as próprias experiências e os sentimentos, nos abrimos para mergulhar nas profundidades da sabedoria, adquirir conhecimento e criar um novo entendimento sobre todas as coisas. Esse é o caminho que nos leva a um novo nível de vivência e, consequentemente, turbinam nossa Performance Holística.

Ao contrário do que passei a vida inteira ouvindo, hoje acho muito estranho tomar como certa a ideia de que devemos viver em equilíbrio. Somos, por natureza, seres de movimento. E é

É tudo uma questão de desequilíbrio

nos momentos de maior instabilidade que nos desenvolvemos e aprendemos o quanto somos fortes (ou não). Não é preciso ir muito longe para entender e aceitar essa verdade. Basta olhar para o seu passado e ver o quanto os desafios fizeram de você alguém melhor, mais humano e mais resiliente.

Viver em linha reta é se entregar à mediocridade, aceitar o terreno conhecido no qual nunca poderá se atirar com toda a energia e potência. Para quebrar esse ciclo, você deve exercitar o cérebro continuamente, tirando-o do estado natural que busca sempre repetir os mesmos velhos padrões. Conforme já expliquei anteriormente, o cérebro só quer conforto e sobrevivência. Todo o seu mecanismo age para manter essas condições, exigindo de você o mínimo possível. O problema é que esse sistema, que existe para proteger você, é o mesmo que o prende a uma existência mediana e sem grandes saltos de crescimento.

"Ok, Diogo, já entendi que preciso me valer dos desequilíbrios da vida para conseguir sair desse modo piloto automático em que estou hoje. Quero sair do senso comum, fugir do mediano e me tornar mais forte. No entanto, confesso, ainda não sei exatamente por onde devo começar. Tenho vivido do mesmo modo por tanto tempo que não me sinto preparado para dar o primeiro passo."

Se esse pensamento está passando por sua mente neste exato momento, não desanime. É comum, quando recebemos uma tempestade de informações, não saber como transformar o conhecimento em prática real. Nas minhas mentorias, esse sentimento é recorrente. Mais uma vez, é nosso *modus operandi* tentando nos preservar do esforço. Por isso bato na tecla da importância de ter um plano de ação para saber como dar o *start* para sair da encruzilhada e começar a experimentar uma existência com mais propósito. E é isso que vamos fazer neste capítulo.

Antes, porém, quero deixar alguns conceitos que serão fundamentais na sua jornada. São ensinamentos reais e aplicáveis no dia a dia para ajudar a organizar os próximos passos. Vamos falar da importância da gestão de três pilares fundamentais para uma Performance Holística consistente e sustentável: do tempo, da energia e das pessoas. Vamos para cada um deles?

Performance holística na prática

Gestão do tempo

Dos elementos da vida, o tempo é, sem sombra de dúvidas, o mais universal, poderoso e democrático: ele passa para todo mundo da mesma maneira, sem negociar, sem distinguir pessoas. Não pede licença, não abre passagem, não retrocede ou avança fora do próprio compasso. O tempo é precioso para a existência humana, pois somos o resultado daquilo que fazemos com ele.

O dia tem vinte e quatro horas para todas as criaturas debaixo do céu. Isso não se discute. No entanto, muitas vezes, temos a sensação de que o tempo é mais generoso com determinadas pessoas, aquelas que conseguem realizar muito mais feitos no mesmo período que a grande maioria. Ouvimos frases como "o tempo está cada vez mais escasso", "tudo está passando depressa demais", "não tenho tempo para nada, nem para descansar".

Se você perguntar ao seu círculo de convivência se essa realidade soa comum, posso dizer sem medo de errar que quase todos se sentem da mesma maneira. Estamos vivendo uma espécie de crise no modo de nos relacionarmos com o tempo, como se ele nunca fosse suficiente para a quantidade de coisas que desejamos ou precisamos fazer.

Será, no entanto, que isso é verdade ou apenas perdemos a capacidade de administrar o próprio tempo, de tão imersos que estamos em uma vida atribulada e corrida? A minha intuição me leva a crer que estamos mais e mais desorganizados. Em vez de aproveitar a tecnologia e todos os recursos modernos que nos ajudam a poupar tempo, estamos deixando de enxergar o valor de cada hora, procurando cada vez mais ocupações e tarefas para realizarmos sem entrega ou paixão. Acionamos o modo *on* da vida engolida pelo cotidiano e nem nos damos conta de que até o lazer tem se tornado obrigação. Você já deve ter feito alguma viagem em que tentou encaixar muitas atrações no roteiro e no fim percebeu que viu tudo de maneira apressada e sem aproveitar verdadeiramente o momento.

Desde que aprendi a importância de ter tempo de qualidade para mim, comecei a me policiar. Hoje, quando sinto que estou

É tudo uma questão de desequilíbrio

sufocado e sem tempo para nada, sei que algo está errado. Provavelmente estou dando valor a coisas desnecessárias e abrindo mão de horas preciosas de bem-estar. Então paro, revejo os afazeres do dia, remanejo coisas a fazer e tento voltar ao meu ritmo.

Vamos fazer algumas contas básicas que comprovam essa teoria. Ao dormir de seis a oito horas por dia, em média, você tem um terço da vida sendo utilizado em função da recuperação e recarga de energia, correto? Se você destinar entre oito e dez horas do seu dia para trabalhar e exercer atividades de monetização, terá mais um terço do total preenchido. Assim, restaria um terço para você decidir livremente o que deseja fazer.

Dividido dessa maneira, o dia parece engessado e estático. Quase como se a vida fosse resumida a dormir, trabalhar e, nas horas vagas, preencher com outra atividade – ou até com momentos de ócio. Acredito que esse esquema possa funcionar para a maioria das pessoas, no entanto, defendo que o mais importante não é fatiar o tempo e destiná-lo a blocos específicos de ações, afinal, somos seres integrados.

Enquanto trabalho, por exemplo, posso estar descansando – pergunte a uma mulher que acabou de voltar de licença-maternidade qual atividade é mais cansativa: a maternidade ou as funções do escritório. Meu lazer pode ser correr por aí e não necessariamente colocar as pernas para o ar. Ou seja, não importa quantas horas separamos para cada parte da vida, mas como nos sentimos enquanto estamos nos dedicando, particularmente, a cada momento.

Como você tem gerido seu tempo? Tem usufruído de cada segundo como uma chance contínua de ser feliz ou está desperdiçando instantes valiosos com uma vida sem sentido? Investir tempo é semear colheitas que devem trazer frutificação. Não jogue esse tesouro impagável na lixeira – para onde se destina tudo aquilo que não convém. Invista em ser produtivo, eficiente e consciente de que, nessa jornada da vida, cada minuto importa. A seguir, compartilho algumas orientações que podem ajudar você a melhorar a sua gestão de tempo.

Performance holística na prática

1. Analise sua rotina e aumente a produtividade

Antes de tudo, faça uma análise do quanto está investindo de tempo em cada tarefa do dia e o quanto isso proporcionalmente ocupa do total de vinte e quatro horas. Exemplo: oito horas de trabalho, oito horas de sono, uma hora de exercícios físicos, duas horas de estudo, duas horas para refeições, três horas livres.

Ter clareza sobre essa proporcionalidade ajuda a despertar consciência sobre o que deve ser priorizado e o que está tomando tempo sem necessidade. Por mais que os dias não sejam sempre iguais, ao entender melhor como tem feito essa gestão, você conseguirá aumentar sua produtividade e evitar desperdiçar momentos valiosos com coisas sem sentido.

2. Invista tempo na aquisição de conhecimento

Você certamente já ouviu (ou disse) a seguinte frase: "Se tivesse mais tempo para estudar, eu conseguiria fazer muito mais coisas e estaria bem melhor hoje". Por mais desafiadora que seja a gestão do tempo – cada um conhece a própria realidade –, uma coisa é certa: nada é mais importante nesta vida para nos fazer evoluir do que utilizar nossos recursos (tempo, energia, dinheiro etc.) para buscar conhecimento.

Ao dedicar seu tempo para aprender coisas novas, você sinaliza para si mesmo (e para o mundo) que está em constante movimento de transformação. Não basta, no entanto, apenas acumular conhecimento: é preciso fazer do aprendizado adquirido um combustível extra para sua performance. E isso pode ser praticado na própria vida ou repassado para outras pessoas; afinal, conhecimento que circula beneficia todos os envolvidos. Se não investir parte do seu dia para exercer o papel de aluno e observador da vida, dificilmente seu nível de performance será alavancado. Pense nisso.

3. Pare de perder tempo com superficialidades

Quanto tempo de sua rotina você tem destinado para olhar coisas aleatórias e superficiais em redes sociais e páginas da internet?

É tudo uma questão de desequilíbrio

Hoje em dia, as distrações on-line estão cada vez mais abundantes e programadas para prender nossa atenção. É comum, por exemplo, pegar o celular para "dar só uma olhadinha" nas fotos dos amigos no Instagram e, sem perceber, acabar passando mais de uma hora, pulando de perfil em perfil. É quase como uma ação magnética que nos faz ficar vidrados na tela sem sentir o tempo passar.

"Isso é ruim?", você me pergunta. Desde que não provoque nenhum desconforto a você ou roube o tempo de algo mais importante, não vejo problema algum. No entanto, se sente que esse hábito se tornou incontrolável e que você não consegue mais dar conta de outras coisas porque passa horas on-line, é preciso, sim, ficar atento.

O tempo é uma das maiores riquezas da vida; você é quem deve estar sempre no comando de como irá ocupá-lo. Uma dica para não cair na armadilha da internet é limitar o uso diário. Há diversos aplicativos que cumprem a função de monitorar as horas on-line e ajudar quem costuma perder o controle.

4. Reserve tempo para você

"Queria ter mais tempo pra mim" e "Sinto falta de ter tempo para me cuidar mais" são sentimentos expressados diariamente por milhares de pessoas. Se você faz parte desse grupo, algo está errado na sua gestão de tempo. Afinal, por mais atribulado que seja o cotidiano, é fundamental que parte do dia seja dedicada para si.

Sei que essa certeza não é novidade para ninguém. Arrisco até dizer que você pensou: *Ok, isso faz sentido, mas, na prática, a vida não funciona assim*. Então você vai se lembrar dos horários apertados, do trabalho que não dá trégua, das horas perdidas no trânsito, da rotina corrida com as crianças e a família. Tudo isso faz parte, porém sempre é possível fazer ajustes de modo a reservar alguns momentos, por menores que seja, para cuidar da própria vida.

Isso se chama prioridade. Enquanto você não se empenhar definitivamente em investir tempo na melhora da sua performance pessoal, os resultados não virão. E isso inclui praticar exercícios físicos, comer sem tanta pressa, fazer leituras como esta, ter

Performance holística na prática

programações de lazer e até mesmo ficar em silêncio sem fazer absolutamente nada. Volte para a dica 1 e faça um escaneamento no seu dia. Tenho convicção de que há espaço para dedicar à pessoa mais importante na sua vida: você mesmo.

Gestão de energia

Assim como o tempo, a energia é um pilar essencial para uma Performance Holística de resultados acima da média. E quando me refiro à energia, falo de tudo que envolve campo energético e nossa frequência vibracional positiva e/ou negativa. Apesar de invisível, nossa frequência vibracional positiva e/ou negativa tem a capacidade de nos colocar para baixo ou para cima, dependendo de nosso contexto de vida e de quem está ao nosso lado. Por essa razão, é tão importante realizar uma gestão eficiente para manter a energia sempre limpa e em alta.O primeiro ponto a ser observado é a maneira como captamos energia do meio externo – ambientes, pessoas, atitudes e comportamentos – e o que fazemos dela para gerar ações reais no cotidiano. Para entender do que estou falando, você deverá focar em tudo o que está ao seu redor e identificar situações que causam em você desconforto, mal-estar, agonia, orgulho. Analise também as que despertam seu bem-estar e fazem você se sentir animado e confiante.

Você já deve ter se sentido pesado, por exemplo, depois de falar com determinada pessoa. É como se sua energia tivesse sido sugada para o ralo: o corpo reage, a cabeça pesa, uma sensação esquisita parece entrar dentro da mente. Você se sente murchar como uma fruta seca. Por outro lado, há quem tenha ao redor de si uma energia boa, tão alta, que, por onde passa, espalha alegria, entusiasmo, vontade de viver a vida com mais liberdade e autenticidade.

Em ambos os casos, você pode ser afetado, mas a escolha de se deixar ou não contaminar deve ser consciente. Minha proposta aqui não é demonizar nada nem ninguém, mas alertá-lo sobre o que devemos cultivar e o que devemos expurgar do nosso modo de viver.

"O tempo é uma das maiores riquezas da vida; você é quem deve estar sempre no comando de como irá ocupá-lo."

Performance holística na prática

Fazer esse filtro é uma maneira de se blindar do gasto desnecessário de energia e evitar que fatores externos diminuam a força da qual você tanto precisa para continuar escalando até o topo de sua versão mais fiel e verdadeira. E o inverso desse papel, inclusive, deve ser considerado: não seja você um ponto de desvio no campo energético de outras pessoas, pois isso impacta no modo como você se relaciona com o mundo – e isso também é um desperdício de energia.

O segundo ponto a ser observado é como você tem administrado a energia que gasta ao longo do dia e o quanto esse investimento se traduz em cargas positivas ou negativas para seu campo vibracional. Às vezes, ao deixar a vida ligada no automático, você nem percebe que a frequência de energia está ficando cada vez mais baixa, pois não há um ação de recarga, seja interna ou externamente. As consequências desse descuido são a falta de ânimo para seguir adiante e, em casos mais extremos, a completa apatia diante dos desafios e das oportunidades da vida.

O mundo é uma troca de energia, e você faz parte desse processo. A partir do momento em que deposita energia em determinada situação, ela volta ao longo dos dias, de maneira coerente com aquilo que você entrega ao universo. O ponto que quero chegar aqui é: até um comentário destrutivo sobre alguém é um modo de liberar energia negativa – não espere, portanto, receber nada positivo de volta.

O mesmo vale para quando damos ouvidos a fofocas ou buscamos ambientes em que acontecem eventos de frequência vibracional baixa; acabamos derrubando nossa energia e absorvendo o que ela traz de pior. O inverso, por outro lado, também é verdadeiro. Quanto mais dedicação colocamos em situações que elevam nossa energia – como ajudar outras pessoas –, mais coisas e sentimentos positivos teremos como retorno.

Sei que você e muitos outros leitores podem estar esgotados, sentindo que não há mais energia para continuar. "Joguei a toalha", você disse algumas vezes para si. Deixe-me, porém, falar algo importante: uma pausa é necessária. Escute seu corpo e sua mente alertando que a bateria está em baixa. Aproprie-se dessa realidade e comece dizendo para si mesmo que deseja recomeçar.

É tudo uma questão de desequilíbrio

Para isso, primeiro você deverá aprender a oxigenar o cérebro, deixar as coisas mais leves e permitir que um *restart* aconteça na sua vida. Pode acreditar: assim que fizer um detox na alma e reestabelecer as conexões espirituais, sua energia fluirá, o campo de atração se tornará positivo e o magnetismo funcionará a seu favor.

Algumas técnicas e práticas podem ajudar muito nesse processo de limpeza: cercar-se de natureza, priorizar ambientes silenciosos, meditar, buscar autocontrole e, sobretudo, inserir no dia a dia alguns momentos de solitude. Vale explicar que, diferentemente de solidão, a qual carrega um sentimento de vazio e o desejo não realizado de estar com outras pessoas, a solitude é um estado de isolamento voluntário e positivo; ou seja, uma vontade genuína de ficar na própria companhia e curtir esse momento. Parece difícil – e é quando não se está acostumado a ouvir o próprio silêncio –, mas a recompensa se traduz em mais autoconhecimento, autoestima e amor-próprio.

Vou pontuar a seguir outras estratégias que podem elevar a frequência vibracional e fazer diferença em sua Performance Holística:

1. Não gaste energia em rodas de fofocas ou em ambientes em que as pessoas falam mal das outras pelas costas. Ser destrutivo com palavras é investir a própria força em algo sem nenhuma expectativa de retorno positivo.

2. Antes de investir energia nos outros, eleve a sua frequência vibracional. Se você não estiver bem consigo mesmo, qualquer baixa exterior pode derrubar ainda mais o seu ânimo. O foco deve sempre estar primeiro em você.

3. Alimente-se de bons conteúdos e edifique sua frequência. Quanto mais conhecimento e aprendizado absorver, maior será sua inteligência emocional. E é isso que vai solidificar sua força nos momentos mais desafiadores.

4. Evite lugares com a energia em baixa. Só esteja presente quando estiver preparado para não absorver energias ruins – e cuide, também, para que a sua presença seja um divisor de águas no local.

Performance holística na prática

5. Descanse. Seu corpo, sua mente e seu espírito trabalham de maneira integrada. O repouso é necessário para carregar as baterias não somente no aspecto fisiológico, mas também espiritual.

Gestão de pessoas

Vai doer. Antes de dar continuidade à leitura, aviso a você que este é um momento das minhas mentorias que costuma trazer dor e desconforto aos meus clientes. Isso porque abordo um assunto que diz muito sobre quem são suas referências de convívio e como essas pessoas impactam os resultados da sua vida.

Gerir pessoas e administrar sua permanência ou não no círculo de relacionamentos é algo delicado. Não é possível, porém, seguir em frente e se manter firme no propósito de buscar a Performance Holística se você estiver rodeado de gente que empurra suas forças para o lado contrário. Acredito que – e afirmo isso sem nem mesmo conhecer sua história – grande parte das pessoas com as quais você divide seu tempo e nas quais investe sua energia é responsável por sua falta de resultados.

Sim, é isso mesmo que você leu e sei como é doloroso pensar nisso, porque muitas vezes envolve parentes, colegas e amigos que, apesar de queridos, podem ser tóxicos para nosso desenvolvimento humano. Não quero aqui livrar sua responsabilidade por suas decisões ou, como se diz atualmente, "passar pano" para os erros que você cometeu e que fizeram com que tenha chegado até aqui. Não é possível ignorar, no entanto, que estar cercado por pessoas que puxam você para baixo é um balde de água gelada nos seus planos de alçar voos mais altos.

Nós somos a média das cinco pessoas com as quais convivemos. Por isso, precisamos selecionar a dedo esse pequeno grupo e ter certeza de que estamos rodeados por quem está alinhado aos nossos valores e princípios. Você já parou para pensar nisso? Faça o seguinte exercício: anote em um papel as pessoas mais próximas do seu núcleo de relacionamentos. Em seguida, responda às perguntas a seguir.

É tudo uma questão de desequilíbrio

1. O que essas pessoas têm trazido de boas energias para o meu legado?
2. Os princípios e valores delas condizem com os meus?
3. Tenho com elas uma relação honesta de troca e aprendizado?
4. Admiro-as pelo que são e não pelo que elas têm? Isso é recíproco?
5. Elas me inspiram a ser alguém melhor ou a viver preso à mediocridade?

Ao responder a cada questão, procure ser o mais honesto e imparcial possível. Depois de responder, avalie a situação e o que cada relação implica na sua vida. Com base nas respostas, você mesmo terá um insight sobre como deseja dar continuidade ou não a um contato tão próximo com as pessoas envolvidas.

Ficam aqui mais alguns alertas: não há como você provocar coragem em si mesmo se convive com covardes. É impossível ter grandes resultados se você se relaciona com fracassados. Você não vai conseguir ter uma boa energia se estiver sempre rodeado de lamentadores e de pessoas de baixa vibração. Conecte-se com quem é, sobretudo, mais inteligente, dedicado e bem-sucedido que você. Junto daqueles que são bons, nos tornamos ainda melhores.

Não tenha medo de perder ninguém. Quanto mais verdadeiro e honesto você for em relação ao que é e como deseja viver nos próximos anos, menos aceitará estar com quem não tem sintonia com seu propósito. E não há nada de mal em reconhecer isso. Ao longo da vida, algumas pessoas chegam para deixar um aprendizado e logo se vão. Outras permanecem para se apossar daquilo que você tem de bom – e isso acontece até que você tome a decisão de convidá-las a descer na próxima estação. E existem também aquelas que ficam com as mãos entrelaçadas às suas para viverem juntos durante a prosperidade ou a escassez, na abundância ou na falta.

Administrar as entradas, saídas e permanências de pessoas é uma das principais chaves para acionar o sucesso da Performance Holística. Se você quer viver o mais alto nível dessa jornada,

Performance holística na prática

conecte-se com quem quer ver você performar com excelência, ou seja, gente que incentiva você a ser melhor. Gente que, se for preciso, dará "uma dura" quando você estiver seguindo o caminho errado.

Não se engane com aqueles que despejam falsas ambições a seu favor vinte e quatro horas por dia, visando apenas a uma falsa aproximação. Pare de dar importância a amizades que cometem extorsão emocional, se fazendo passar por sinceras e presentes. Chegou a hora de rodar as cadeiras e colocar novas pessoas para se sentarem à sua mesa. E não se esqueça: independentemente de quem estiver do outro lado, seja sempre educado, leal e honesto, afinal você também é uma das cinco pessoas do círculo de alguém. Cumpra esse papel com honra e sabedoria. Como dizia Mahatma Gandhi: "Seja você a mudança que quer ver no mundo".

Eu mesmo precisei me afastar de muita gente para conseguir viver a Performance Holística na prática. Com algumas dessas pessoas, nunca mais tive contato nem pretendo ter; de outras, precisei ficar temporariamente distante e só me reaproximei porque sei que, por causa do meu testemunho de mudança de vida, consigo ajudar a elevar a performance delas também, desde que estejam dispostas.

Uma das maiores lamentações que recebo quando tratamos sobre gestão de pessoas é sobre a dificuldade de conhecer gente nova. Enquanto crianças conseguem facilmente estabelecer laços e partir para a brincadeira, adultos tendem a problematizar demais essa aproximação e não se permitem ampliar o ciclo de amizades. Isso é uma pena, afinal mais de 80% das oportunidades que surgem na vida são fruto das relações com outras pessoas. Isso é o que chamamos de networking.

Se deseja performar holisticamente, você precisará ultrapassar esse bloqueio de convívio e estar aberto para encontrar e aprofundar relações. Entendo que, no passado, nossos pais nos diziam para não conversarmos com estranhos, e isso, claro, faz todo sentido. No entanto, na vida adulta (e com todos os recursos intuitivos de autodefesa ativos), interagir com gente nova é uma maneira de cultivar oportunidades e de evoluir espiritualmente a partir do contato com diferentes pensamentos e culturas.

É tudo uma questão de desequilíbrio

No mundo inteiro, existem milhares de pessoas procurando gente como você, seja para se relacionar, fazer negócios ou apenas para trocar experiências. Todos nós temos algo a acrescentar para a vida de outras pessoas e algo a aprender com elas. Se, como já falei, 80% dos seus resultados partem do seu networking, isso quer dizer que grande parte das conquistas que você não tem hoje está dependendo de pessoas que você ainda não conheceu. Quer começar a mudar esse jogo? Permita-se, agora mesmo, a dar pequenos passos nesse tabuleiro:

1. Estabeleça uma nova relação de amizade com alguém nos próximos dias.
2. Busque se inserir em uma nova roda de convívio este mês. Vale grupos de cursos, academia, amigos de amigos, vizinhos, colegas de trabalho etc.
3. Tenha coragem de se afastar daqueles que não estão lhe fazendo bem neste momento e reflita o que você espera dessa relação.
4. Não se esqueça: tudo no mundo é sobre pessoas. Esteja bem relacionado e seja uma boa relação para alguém.

Planeje sua performance holística

Estamos chegando ao fim da metodologia que vai levar você a viver desequilibradaMENTE. Se estivéssemos na minha sala de consultas, neste momento eu me sentaria na sua frente para dar os últimos insights que você levará em sua caminhada. Eu diria: "Vamos lá, você já tem o mapa da Performance Holística em mãos. O plano que vai ajudar você a acionar a integralidade de corpo, mente e espírito está traçado. Agora, o restante é contigo".

Neste ponto do nosso encontro – seja presencialmente ou por meio das páginas deste livro –, você já conheceu um pouco mais da minha história e pôde perceber que muitas vezes fui colocado à prova na Performance Holística, intencionalmente ou não. Durante minha jornada, alimentei meu autoconhecimento e desenvolvi

Performance holística na prática

minhas próprias estratégias para me conduzir no desafio de deixar um legado de mais sucessos do que de fracassos nesta vida.

Hoje continuo buscando performar mais e melhor, a fim de conhecer a imensidão de cenários existentes no mundo. Reconheço que muitas coisas ainda não saíram conforme o esperado, porém tenho plena convicção de que não vou aceitar uma vida mediana e me estacionar na mediocridade.

Aprendi a valorizar a máquina responsável por me sustentar e é com ela que passeio pelo mundo, tentando adquirir mais aprendizado para manter meus pensamentos sincronizados com o que espero da minha passagem por esta existência. Por isso, faço tudo o que for necessário para cuidar do meu corpo e respeitá-lo. E esse conselho deixo também para você: nunca se esqueça de que seu corpo é a morada do Espírito Santo. Não agrida o equipamento perfeito que Deus lhe deu. Coloque-o à prova, se desejar, mas faça isso com cautela.

Houve uma fase em que treinei para ser fisiculturista. Levei meu corpo ao máximo da explosão física porque tinha o objetivo de participar de competições. No entanto, fiz todo o processo de preparação com o acompanhamento de profissionais competentes e aptos para me auxiliar. Hoje não tenho mais interesse nessa prática e mantenho minha rotina de exercícios apenas para sentir bem-estar.

O alimento que vem do meio externo, seja comida ou experiências do dia a dia, deve servir para nutrir o corpo e a alma, e não para destruir você ou falsamente recompensá-lo por situações mal resolvidas. Invista em uma boa alimentação, consciente e sem culpa, sempre pensando na maneira como seu corpo receberá determinados nutrientes. E lembre-se: consuma arte sem moderação. Preencha-se de música, filmes, exposições culturais, livros e boas conversas. Esse tipo de alimento ajuda a fortalecer a mentalidade, deixando-a disponível para experimentar o melhor do mundo.

Em paralelo, dedique tempo estudando os próprios comportamentos. Tente compreender seus gatilhos emocionais e saiba como desativá-los antes de se transformarem em sabotadores da sua busca individual. Consegue identificar algo que consome sua

É tudo uma questão de desequilíbrio

energia, rouba sua vitalidade e paralisa você? Desenvolva antídotos para esses fatores, eliminando do seu campo de sentido tudo o que não edifica seu dia. E isso vale para maus hábitos, lugares inapropriados, pessoas tóxicas, notícias negativas, impressões equivocadas sobre você ou qualquer outro elemento do meio social.

Não viva sua vida em função da aprovação alheia, pois essa é uma batalha que você inicia em desvantagem. Se não souber como fazer isso sozinho, peça ajuda. Cerque-se de bons profissionais da área de saúde e não demore muito para fazer isso; afinal, toda bateria morre se não for recarregada.

Por fim, porém não menos importante, tenha uma verdade colada na sua alma: nada disso vai funcionar se a sua vida espiritual estiver por um fio – ou 100% desplugada do Alto. Portanto, antes de qualquer movimento, fortaleça sua relação com Deus. Ele sempre estará disponível para ouvir você. Agradeça todos os dias pelo que tem e pelo que está por vir, peça direcionamento e clareza, e jamais se esqueça de que um espírito elevado e em paz é capaz de fazer além do que já foi feito até os dias de hoje.

Sugiro que, após concluir a leitura deste livro, você projete sua vida a curto, médio e longo prazo. Ter um planejamento claro e objetivo ajuda a dar um direcionamento para onde se quer chegar, mesmo que esse rumo mude diversas vezes até a linha de chegada. O poeta e escritor espanhol Miguel de Cervantes, considerado um dos grandes nomes da literatura mundial, autor do clássico livro *Dom Quixote* (1605), disse algo fantástico nesse sentido: "Estar preparado já é metade da vitória".

Estabeleça seus objetivos e os passos que precisa seguir para atingi-los. Para os de curto prazo, por exemplo, estabeleça alvos a serem buscados nos próximos três meses – como resolver pendências, mudar hábitos diários, pesquisar novos planos profissionais, cuidar do corpo, alimentar-se de maneira mais saudável e colocar em prática tudo aquilo que você aprendeu com esta leitura.

Para os objetivos de médio prazo, pense em metas para os próximos doze meses. Isso inclui melhorar sua situação financeira, estudar uma nova habilidade profissional, abrir o próprio negócio e mergulhar no seu desenvolvimento pessoal.

Performance holística na prática

Para o longo prazo, estão aqueles sonhos que devem ser sustentáveis e que precisam acompanhar você no restante de sua jornada. Se você pensou na compra de uma casa própria, está enganado. Aqui incluem a construção do seu legado (este livro é uma parte do meu!), a criação e consolidação de projetos sociais focados em ajudar o próximo, a permanência em sua decisão de performar holisticamente hoje e no futuro.

Em seu planejamento, não se esqueça de incluir ações dirigidas a outras pessoas. Partilhe tudo o que aprendeu com quem também tem sede de mudança e de prosperidade. Diz o ditado que, se você quiser chegar mais rápido, vá sozinho. Se quiser chegar mais longe, vá acompanhado. Eu segurei na sua mão até aqui. Que tal levar mais gente nessa viagem e transbordar a própria bagagem de conhecimento e de experiências que valem a pena ser vividas?

CAPÍT

ULO 9

VOCÊ NASCEU PARA

Chegamos, enfim, ao último capítulo de nossa jornada em busca da Performance Holística. Quero finalizar este encontro contando duas histórias. Uma delas, você talvez já conheça. A outra provavelmente representa a vida de alguém próximo a você; alguém que você admirou pela coragem e persistência em seguir, apesar das circunstâncias. O que une esses dois enredos é o desequilíbrio. Seja decorrente da vida ou provocado de modo intencional, ambos mostram como transformar o que aparentemente seriam pedras no caminho em tijolos para construir o castelo em que sonhamos habitar.

A primeira história é quase mágica. Começou em 1990, quando a jovem inglesa Joanne Rowling[15] fez uma viagem de trem de Manchester para Londres. Formada em Língua Francesa e Clássica, ela era apaixonada por literatura e naquele dia teve uma ideia: criaria uma saga sobre um pequeno bruxo e seus amigos.

Como não tinha à mão papel e caneta, Joanne passou a viagem inteira decorando os detalhes da trama até chegar a seu destino e

---

15 J.K. Rowling: conheça a história de superação da autora que vendeu mais de 500 milhões de livros. **Rock Content**, 31 jul. 2018. Disponível em: https://rockcontent.com/br/talent-blog/j-k-rowling. Acesso em: 30 jun. 2022.
COMO fracasso e persistência fizeram de JK Rowling uma das maiores escritoras da atualidade. **Época Negócios**, 10 jul. 2017. Disponível em: https://epocanegocios.globo.com/Carreira/noticia/2017/07/como-fracasso-e-persistencia-fizeram-de-jk-rowling-uma-das-maiores-escritoras-da-atualidade.html. Acesso em: 30 jun. 2022.

É tudo uma questão de desequilíbrio

conseguir escrever tudo. Foi assim que nasceu Harry Potter, que se tornaria um dos personagens mais famosos do mundo. Joanne, claro, ainda não sabia disso.

O que veio em seguida, aliás, estava longe de ter um final feliz. Após a morte da mãe, decorrente de esclerose múltipla, Joanne foi morar em Portugal, onde passou a trabalhar como professora de inglês e conheceu seu primeiro marido. Em 1993, nasceu sua filha Jessica. A união, porém, durou pouco. Após o fim da relação que ela considerou abusiva, Joanne voltou para a Escócia. Sua situação era difícil: estava desempregada e agora tinha uma bebê para criar sozinha. Ela passou a receber ajuda do governo para sobreviver.

Anos depois, em 2008, durante um discurso para os formandos da Universidade Harvard,[16] ela afirmou que aquele período foi o que a fez chegar mais perto da miséria. "Eu era a maior fracassada que eu conhecia", Joanne falou. Mergulhada na falta de dinheiro e sem nenhuma perspectiva, a jovem sentiu a depressão rondar seus dias. Pensamentos suicidas não demoraram a chegar. Foi quando decidiu procurar ajuda psicológica e retomar algo que lhe dava muito prazer: escrever as aventuras do bruxo Harry Potter. Entre os cuidados com a filha e as atividades domésticas, Joanne começou a ocupar seu tempo dedicando-se a terminar o primeiro livro.

"O fracasso eliminou o que não era essencial. Parei de fingir para mim mesma que era qualquer outra coisa que não eu e direcionei minha energia para o único trabalho que me importava", disse ela em Harvard. "Meu maior medo tinha se tornado realidade e eu ainda estava viva, tinha uma filha que eu amava, uma máquina de datilografia velha e uma grande ideia."

Quando acabou o manuscrito do primeiro livro e se sentiu satisfeita com o resultado, Joanne começou a própria saga em busca de uma editora que confiasse em seu projeto. Seu objetivo era publicar suas histórias e viver como escritora, um sonho cultivado

---

16 "O FRACASSO eliminou o que não era essencial": veja o discurso de J.K. Rowling aos alunos de Harvard. **Estudar Fora.org**, 7 ago. 2017. Disponível em: https://www.estudarfora.org.br/discurso-de-jk-rowling-harvard/. Acesso em: 3 jul. 2022.

Você nasceu para viver o melhor

desde a infância. O que ela recebeu, no entanto, foi um balde de água fria. Doze, para ser mais exato – o número de editoras que não se interessaram por Harry Potter. Aquilo foi um baque para Joanne. Ela, porém, não desistiu. Confiava na qualidade de seu trabalho e sabia que só precisava de uma oportunidade.

A primeira porta foi aberta em 1997 pela Bloomsbury Publishing, uma pequena editora britânica que decidiu publicar *Harry Potter e a Pedra Filosofal*. O que aconteceu depois, você já sabe: as histórias do bruxinho ganharam o coração de milhões de pessoas e se tornaram uma febre entre crianças, jovens e adultos. Joanne – que passou a assinar como J.K. Rowling – viu seu trabalho ser, enfim, reconhecido e chegar a lugares nunca imaginados por ela: vendeu mais de 500 milhões de cópias da série *Harry Potter* e negociou direitos autorais para o cinema, parques temáticos e incontáveis produtos. Em 2020, a jovem sonhadora entrou no 28º lugar da lista da *Forbes* das cem celebridades mais ricas daquele ano e hoje, com um patrimônio estimado em 1 bilhão de dólares,[17] destina boa parte do que ganha para ações de caridade.

A coragem de se desafiar

A segunda história não tem a mesma repercussão mundial, mas, como já disse, você certamente conhece alguém que viveu algo parecido. Assim como J.K. Rowling, Luciano, 21 anos, é um jovem sonhador. Ele começou cedo a vida profissional e sempre teve em mente o desejo de ser um empresário de sucesso. Até 2021, Luciano trabalhava em uma distribuidora de bebidas durante o horário comercial; à noite, dirigia o próprio carro para garantir uma renda como motorista de aplicativo. Enquanto o salário pagava as contas do mês, o dinheiro extra era usado em jantares com a namorada e outros pequenos prazeres.

---

17 QUAL a fortuna de J.K. Rowling, criadora de 'Harry Potter'? **Splash Uol**, 1 abr. 2022. Disponível em: https://www.uol.com.br/splash/noticias/2022/04/01/qual-a-fortuna-de-jk-rowling-criadora-de-harry-potter.htm. Acesso em: 30 jun. 22.

É tudo uma questão de desequilíbrio

Essa dinâmica era relativamente confortável para a vida de um rapaz da idade dele, mas Luciano queria mais. Sentia que precisava dar passos maiores e mais desafiadores. Foi quando resolveu comprar bebidas a preço de custo da distribuidora em que era funcionário e revender via internet. Usando a estratégia dos marketplaces, ele se viu diante da possibilidade de conseguir escala em sua empreitada digital. Faltava a ele, entretanto, alguns quesitos fundamentais: tempo, planejamento e coragem. Era a hora de pedir ajuda.

Quando me procurou para uma mentoria, conversamos muito sobre o que impedia Luciano de mergulhar de vez em seu sonho. Apesar da vontade de encarar voos mais altos, logo ficou claro para mim que ele permanecia apegado à vida tranquila que havia conquistado com tão pouca idade. Então o provoquei: se quisesse verdadeiramente alcançar um novo patamar na vida profissional, teria que se desequilibrar; isto é, desligar a chave do empregado e acionar o modo empresário.

Seu primeiro passo, portanto, seria melhorar sua gestão de tempo e de energia. E faria isso tomando a decisão de abrir mão da renda extra como motorista de aplicativo para dedicar aquelas horas de trabalho às vendas on-line. O frio na barriga, o receio do fracasso e a incerteza gritaram alto naquele momento. "E se der errado? E se eu não conseguir?", ele me perguntou. Eu sabia que o cérebro dele estava em estado de defesa e se esforçaria para manter a sensação de estabilidade. Expliquei que ele teria que encarar sozinho aquela barreira e se arriscar, mesmo com medo de se arrepender futuramente.

Uma das teclas em que mais bato com meus clientes diz respeito à renúncia. Se queremos conquistar determinadas coisas, temos que abdicar de outras. Sei que é difícil abrir mão de algo que fez sentido para nossa vida por muito tempo, no entanto precisamos reconhecer que desejos mudam, e desistir deles não é sinônimo de fraqueza. Quando deixamos de ocupar nossos dias com o que nos aprisiona, liberamos espaço para o que nos fará voar.

Luciano encarou essa barreira. No começo da mentoria, ele recebia 2 mil reais na distribuidora e cerca de mil reais com as

Você nasceu para viver o melhor

corridas via aplicativo. Ao abrir mão desse valor, Luciano ganhou tempo livre para anunciar os produtos da distribuidora nos marketplaces. No começo, não foi fácil. As vendas não alavancaram conforme esperado e ele chegou a pensar que aquela troca não tinha sido uma boa decisão. Aos poucos, no entanto, a publicidade começou a dar certo e Luciano viu o número de clientes aumentar. Em alguns meses, o lucro superava o que ele recebia como motorista.

Continuamos nosso trabalho juntos, focados em destravar o jovem de tudo o que o afastava da sua Performance Holística. Quando chegamos ao fim, ele já passava de 25 mil reais mensais de faturamento, trabalhando apenas nas horas vagas entre suas funções na distribuidora e suas horas de repouso.

Alguns pontos são relevantes na história de Luciano. Um dos motivos de seus resultados positivos foi a decisão de investir tempo e energia em algo que desse a ele escala em médio e longo prazos, possibilitando mais liberdade financeira. Para isso, no entanto, Luciano precisou ter coragem de renunciar a uma zona de conforto que satisfaria muitos jovens da mesma idade que ele. Durante o processo, descobrimos que esse comportamento era a repetição do padrão de comportamento de seus pais. Eles eram pessoas de origem pobre que, a todo custo, tentavam manter certa estabilidade financeira sem correr grandes riscos.

Outro ponto é que as horas investidas como motorista estavam afastando Luciano de casa, o que deixava a energia dele cada vez mais baixa, e gerava cansaço excessivo e desgaste emocional. Além disso, ele estava namorando uma pessoa dominada por atitudes depressivas e sabotadoras, fazendo com que, inconscientemente, ele se alimentasse da mesma frequência, algo que desencorajava suas tomadas de decisão.

À medida que se apropriou dos princípios e métodos da Performance Holística, Luciano adquiriu discernimento para, aos poucos, ajudar a namorada a virar, também, a própria chave. Devido ao sucesso da venda de bebidas, os dois resolveram trabalhar juntos no negócio, dividindo as funções e a rotina. Com incentivo mútuo, ambos começaram a praticar atividades físicas regularmente.

A Performance Holística é um
instrumento real de transformação.

Você nasceu para viver o melhor

Tudo isso impactou não apenas no sucesso da venda de bebidas como também no relacionamento do casal, cada vez mais unido. Soube recentemente que eles compraram um apartamento para morar juntos, contrataram mais funcionários para a empresa e têm fortalecido a fé, alimentando-se diariamente da conexão espiritual com Deus, o comandante de todos os planos.

Sua performance holística começa hoje

Escolhi encerrar este livro com duas histórias porque cada uma, à sua maneira, mostra como o desequilíbrio é fundamental para evoluirmos como seres humanos. A vida não é e nunca será uma linha reta sem dramas, dores ou descontrole. Conforme dizemos no mundo dos negócios: tudo se trata de *working in progress* (trabalho em andamento). O processo está sempre em movimento. Se deseja experimentar do melhor da vida, precisará atravessar a ponte que levará você para o lado da sua versão mais autêntica e corajosa.

Nesse percurso, certamente haverá dores provocadas por feridas antigas ou falhas cometidas. Também haverá medo de fracassar ou de não atingir o resultado esperado. Nesse sentido, o meu conselho para você é: não limite sua trajetória com base no que pode dar errado, pois se desprender do receio de mudar é o primeiro passo para se transformar de verdade. Quem tem mais disposição para se arriscar e se colocar em situações de vulnerabilidade costuma chegar mais rápido ao sucesso.

Isso acontece porque essas pessoas sabem que algumas coisas levam tempo e o resultado só virá quando estiverem prontas para recebê-lo. Enquanto isso, permanecem firmes em suas jornadas com resiliência, motivação e, principalmente, disciplina. A falta de constância é uma das razões que mais faz as pessoas abandonarem os planos no meio do caminho. Quando não há persistência, dificilmente se chega a algum lugar, seja ele próximo ou distante.

Mozart compôs mais de seiscentas obras e nem todas ficaram famosas. Beethoven produziu quinhentas composições antes de

É tudo uma questão de desequilíbrio

"A Quinta Sinfonia". O renomado jogador brasileiro de basquete Oscar Schmidt treinava mil arremessos todos os dias para chegar preparado às partidas oficiais. Qual lição que podemos tirar disso? Nunca desanimar por não atingir a perfeição nas primeiras tentativas. Se você buscar evoluir um pouco a cada dia, sempre chegará ao fim melhor do que quando começou. Por isso, compare-se apenas consigo mesmo. A meta: ser melhor hoje do que foi ontem; e amanhã do que foi hoje.

O mecanismo de comparação é o que mais o afasta de quem você é ou pode ser futuramente. Dedique-se, portanto, a consolidar sua identidade sem querer viver a individualidade de alguém, afinal muitas pessoas sequer estão vivendo a própria verdade – a isso atribuo o nome de "desconfiguração coletiva".

Em vez de se comparar, use estratégias de modelagem. Lembra que orientei você a se rodear de pessoas que alcançaram grandes resultados? Não caia na cilada de querer se igualar, mas absorva a frequência dos comportamentos e das ações dessas pessoas para usar como modelo de inspiração para seus sonhos.

Enquanto eu escrevia este livro, revivi importantes pontos de desequilíbrio da minha história. Cada um me ajudou a chegar aonde estou. Essas experiências e esses tropeços, apesar de terem sido dolorosos na época, serviram como propulsores para novos resultados. No exato momento em que escrevo estas últimas linhas – estou em 2022, ainda durante o período de pandemia –, posso afirmar que meus negócios passam por um dos momentos mais turbulentos.

Tomei a decisão de enfrentar o desafio de administrar sete empresas simultaneamente e isso tem trazido muitas situações complexas com as quais preciso lidar todos os dias. A diferença é que fui eu quem provocou esse desequilíbrio. De modo consciente e me sentindo preparado para assumir a batalha, escolhi sair de mais uma zona de conforto e estou firme em meu propósito.

Para me auxiliar no processo, tenho mantido meu corpo em movimento e saudável, reviso periodicamente onde estou empregando tempo e energia e, acima de tudo, procuro em Deus suporte espiritual que me sustente em minha fé. E se eu sou prova viva de

Você nasceu para viver o melhor

que a Performance Holística é um instrumento real de transformação, afirmo que esse processo também pode mudar você.

Lembra-se da escultura de Davi? Enquanto todos se perguntavam como alguém poderia, sozinho, ter esculpido algo com tamanha perfeição, Michelangelo mostrou que o caminho era simples. Bastava focar na essência, retirar o excesso e persistir no objetivo. Essa lição pode ser aplicada para todos os grandes desafios da humanidade. Quando estiver diante de alguma questão que pareça complexa demais para ser resolvida, comece pelo lado mais acessível: o que está dentro de você. A mente que cria os problemas é a mesma que encontra as soluções.

Antes de qualquer iniciativa, mentalize o que pretende realizar. Lute contra os pensamentos ruins que dificultam seu processo de crescimento e comprometa-se consigo mesmo. O silêncio interior, nesse momento, será seu aliado para acalmar os fantasmas que tentarão desviá-lo do seu caminho. Na hora certa, a claridade vai chegar e você vai se sentir conectado com seus princípios e propósitos. Isso será possível porque você já tem a chave para destravar não somente sua consciência, mas também todas as portas que se abrirão para um futuro mais compatível com seus desejos.

Quando sua transformação começar a aparecer, algumas pessoas ao seu redor vão estranhar, pois a maioria delas ainda não teve a oportunidade de experimentar a Performance Holística na prática. Não leve em consideração as críticas negativas ou os comentários duvidosos que porventura surgirem. Quem não faz nada, detesta quem faz. Quem nunca vence, detesta gente que vence. Só você sabe quem é, o que busca e para onde vai. É isso o que importa e é nisso que você deve investir seu tempo, sua energia e seus recursos emocionais.

Independentemente do estado em que você estava quando começou esta leitura ou de como se sente agora, imagino que não esteja mais do mesmo jeito que estava páginas atrás. Algo dentro de você está em ebulição, seja de maneira tímida ou intensa. Como eu desejei um dia, você também quer experimentar uma vida mais leve, livre, realizada e em paz. E, se chegou até aqui, é porque tem força, coragem e disposição para começar ou fortalecer sua performance.

A vida não é e nunca será
uma linha reta sem dramas,
dores ou descontrole.

Você nasceu para viver o melhor

Será fácil? Claro que não. Viver desequilibradaMENTE é ousar ser disruptivo em um mundo mediano. É saber que sempre há algo além para ser desbravado e isso só depende do apetite de cada um para experimentar o mundo.

A partir de agora, direcione seus esforços para turbinar a tríade que sustenta você: seu corpo, sua mente e seu espírito. Torne-se um atleta dentro da própria vida, treinando para alcançar o pódio em que você sempre sonhou estar. Nessa disputa, seu único adversário será você mesmo. Será preciso estudar sua mente para aprender a vencer as incontáveis quedas de braço que terá com pensamentos destrutivos, aprisionadores ou limitantes. Nenhum deles é maior que você, tenha certeza disso.

Quando isso acontecer, algumas dores do passado, por mais profundas e doloridas que sejam, serão deixadas para trás. Virarão cicatrizes para ser lembradas como experiências de desequilíbrio destinadas ao seu crescimento. Você será capaz de se olhar no espelho e dizer: "Hoje sou diferente, forte, corajoso e me tornei quem sou de verdade. O que me fazia sofrer virou alimento da minha performance. Aquilo que me sabotava não existe mais. Sou antifrágil e estou preparado para os novos desafios que a vida me trará – ou que eu, intencionalmente, provocarei".

E se em algum momento você se sentir desmotivado, fraco, incapaz de seguir adiante, relembre todos os pequenos e grandes passos já dados. Celebre suas vitórias, por menores que sejam. Não tente atropelar o tempo ou pegar atalhos. Quem não suporta o processo não chega ao que foi prometido. Para transbordar, primeiro você precisa se encher por inteiro. Isso significa fazer o seu melhor com os recursos disponíveis no momento. Não tenha dúvidas de que, enquanto investe no seu autoconhecimento e desenvolvimento pessoal, o universo trabalha para que os resultados apareçam.

E, por último, em cada passo que você der daqui para a frente, tenha plena convicção de que nada foge dos planos do Criador. É difícil pensar nisso se estiver se sentindo paralisado ou caminhando para a beira do abismo. Busque em Deus, porém tenha força para seguir adiante e se mantenha fiel a você. Tem coisas e situações

É tudo uma questão de desequilíbrio

que Ele envia para que você aprenda algo, e coisas e situações que só virão quando você já tiver aprendido. Quando menos esperar, as respostas vão chegar. Porque você merece, você se dedicou, você ousou viver desequilibradaMENTE.